절세 고수가 알려주는
연말정산 절세의 전략

절세 고수가 알려주는

2025 연말정산 절세의 전략

초판 1쇄 인쇄 2024년 11월 15일
초판 1쇄 발행 2024년 11월 22일

지은이 택스코디
기획 잡빌더 로울
펴낸이 곽철식
디자인 임경선
마케팅 박미애

펴낸곳 다온북스
출판등록 2011년 8월 18일 제311-2011-44호

주 소 서울시 마포구 토정로 222 한국출판콘텐츠센터 313호
전 화 02-332-4972
팩 스 02-332-4872
이메일 daonb@naver.com

ISBN 979-11-93035-55-9(13320)

절세 고수가 알려주는

2025 연말정산 절세의 전략

택스코디 지음 | 잡빌더 로울 기획

다온북스
DAON BOOKS

차례

PART II. 이 정도만 알아도 절세 고수, **연말정산 소득공제**

PART III. 이 정도만 알아도 절세 고수, **연말정산 세액공제**

권말부록. 알아두면 돈이 보이는 세금 상식 사전

프롤로그

당신의 세금 점수는 몇 점인가요?

이 책을 구매할지, 말지 망설이는 당신, 길게 고민하지 말고 다음 문제부터 풀어봅시다.

간단한 '○, X 형식' 퀴즈입니다. 너무 오래 생각하지 말고, 떠오르는 데로 1번부터 20번까지 문제에 ○ 또는 X에 체크만 하면 됩니다. 자, 이제 시작합시다.

문항	내용	O	X
1	연말정산을 통해 받은 환급금은 지원금이다.	☐	☐
2	연말정산 시 과세표준이 10억 원을 초과하면 최고세율 50%가 적용된다.	☐	☐
3	연말정산을 마친 직장인 중 신고 누락 항목이 있다면, 5월 종합소득세 신고 기간에 정정 신고하면 된다.	☐	☐
4	'소득세 원천징수세액 조정신청서'를 작성해 비율을 바꾸면, 그 해 한 번 더 다시 바꿀 수 있다.	☐	☐
5	외국인 근로자도 내국인처럼 연말정산을 해야 한다.	☐	☐

6	2024년 5월에 결혼했지만, 혼인신고는 2025년 1월에 했다. 결혼 이후로 아내의 어머니를 부양하고 있다. 2024년 귀속 연말정산에서 아내와 장모님을 부양가족으로 추가할 수 있다.	☐	☐
7	장애인 추가공제 대상자에는 치매, 당뇨 등을 앓고 있는 중증환자도 포함한다.	☐	☐
8	이혼한 부부 자녀 기본공제, 부양하지 않는 사람은 받을 수 없다.	☐	☐
9	총급여 7,000만 원 초과 직장인이면 대중교통비, 전통시장 사용액만 추가공제 가능하며 추가 한도 200만 원이 적용된다.	☐	☐
10	총급여 7천만 원 이하 무주택 직장인이 12월 30일까지 세대원이었다가 12월 31일에 세대주가 되어도, 그해 주택마련저축에 납입한 금액 모두 공제받을 수 있다.	☐	☐
11	주택 전세대출 원리금 상환에 따른 소득공제는 연봉 7천만 원 이하 근로자만 받을 수 있다.	☐	☐
12	장기 주택저당차입금 이자 상환액 소득공제는 직장인과 자영업자 모두를 대상으로 하는 소득공제 제도로, 1주택자만 대상이 된다.	☐	☐
13	자녀세액공제를 받을 수 있는 자녀의 나이는 만 8세 이상부터 만 20세 이하이다.	☐	☐
14	모든 직장인은 산후조리원비를 의료비 세액공제로 적용받을 수 있다.	☐	☐
15	서른 살 대학생 자녀 교육비도 세액공제 가능하다.	☐	☐
16	보장성 보험료 세액공제는 직장인만 받을 수 있다.	☐	☐
17	국민주택규모(85㎡)보다 큰 집이라도 기준시가가 4억 원을 넘지 않으면 월세액 세액공제 대상이 된다.	☐	☐
18	2023년부터는 연금계좌 세액공제 납입 한도가 상향되어 최대 900만 원으로 높아졌다.	☐	☐
19	네이버 콩기부도 세액공제를 받을 수 있다.	☐	☐
20	중소기업에 취업한 청년이 소득세를 감면받은 후, 결혼·출산 등의 사유로 퇴직했다가 재취업해 경력단절여성 요건을 충족하면 3년간 더 감면받을 수 있다.	☐	☐

수고했습니다. 답은 뒷장에 있습니다.

정답

1번	X	11번	X
2번	X	12번	X
3번	O	13번	O
4번	X	14번	O
5번	O	15번	O
6번	X	16번	O
7번	O	17번	O
8번	X	18번	O
9번	O	19번	O
10번	O	20번	O

'정답 수 × 5점'을 해 여러분의 점수를 계산해봅시다. 나온 점수가 50점이 안 되면 즉시 이 책을 구매해 읽어봅시다. 세금은 아는 만큼 줄어들고, 미리미리 대비해야 하기 때문입니다.

연말정산은 매년 직장인 본인의 소득을 가지고 세금을 계산하는 일이지만, 회사에서 실무를 진행하다 보니 정작 그 내용에 대해 잘 모르고 넘어가는 일이 많아 '누구나 알지만 아무도 모르는 연말정산'이라고 합니다. 환급을 받기는 했는데 왜 환급이 나왔는지, 아니면 왜 남들은 돌려받는 세금을 나는 토해낸 것인지 등의 의문이 듭니다. 연말정산을 제대로 이해하지 못하고 있기 때문입니다.

연말정산은 닥쳐서 준비하면 늦습니다. 대부분 공제서류를 임박해서 준비하다 보니 당연히 받아야 할 혜택을 놓치는 때도 많습니다. 미리미리 대비해야 합니다.

세알못 **매달 월급에서 세금을 떼 가는데 연말정산은 또 왜 하나요?**

택스코디 근로소득이 있는 직장인은 국가에 세금을 내야 합니다. 매월 월급에서 원천징수하는 세금은 간이세액표라는 획일화된 기준을 통해 대강 떼기 때문에 각자의 부양가족 환경이나 경제활동에 정확하게 부합하지는 않습니다. 따라서 연말에 소득공제나 세액공제를 통해 세금을 정산하는 과정을 거치는데, 그것이 연말정산(年末精算)입니다. 이를 통해 더 많은 세금을 냈으면 그만큼 돌려받고, 적게 냈으면 토해내야 합니다.

본 책은 이처럼 택스코디 특유의 간결하고 쉬운 문장으로 작성되어, 세금을 지식이 아닌 상식의 차원으로 확장할 것입니다. 이 책만 잘 읽어도 큰 도움이 될 거라 자신합니다.

PART

I

이 정도만 알아도 절세 고수, 연말정산 구조

6단계 연말정산 구조부터 이해하자

· 연말정산을 통해 받은 환급금은 지원금이다.

이 문장은 X입니다. 결론부터 말하자면, 매월 월급에서 원천징수하는 세금은 간이세액표라는 획일화된 기준으로 대강 떼기 때문에 각자의 부양가족 환경이나 경제 활동에 정확하게 부합하지는 않습니다. 따라서 연말에 소득공제나 세액공제를 통해 세금을 정산하는 과정을 거치는데, 그것이 연말정산(年末精算)입니다. 이를 통해 더 많은 세금을 냈으면 그만큼 돌려받고, 적게 냈으면 토해내야 합니다. 따라서 연말정산을 통해 받은 환급금은 내가 더 낸 세금을 돌려받는 것이므로 지원금이 아닙니다.

연봉 협상할 때, 분명 내 연봉은 3천만 원이었는데, 통장에 찍힌 월급은 250만 원 (3천만 원 ÷ 12개월)이 아닌 230만 원이거나 그보다 적습니다. 그 이유는 회사에서 내 월급을 보내줄 때 4대 보험과 소득세를 빼고 주기 때문입니다. 그러므로 내가 회사와 계약한 연봉 중에서 적게는 10%, 많게는 20%까지는 내 돈이 아닙니다.

원천징수 전 월급을 세전월급, 빠져나간 후 월급을 세후월급이라 부릅니다. 참고로 대출받을 때 따지는 소득 기준은 세전월급입니다.

연간 근로소득, 회사에서 일하고 받은 대가를 모두 포괄하는 개념입니다. 월급뿐만 아니라 상여금이나 각종 수당을 합쳐 연봉이라고 부르며, 회사와 맺은 연봉계약서를 보면 쉽게 확인할 수 있습니다. 연봉에서 일부 항목은 세금을 계산할 때 포함하지 않습니다. '비과세 소득'이라고 말하는데, 식대나 차량유지비처럼 월급 외에 별도로 받는 특별수당 같은 개념입니다. 식대, 차량유지비, 출산 보육수당, 생산직 근로자의 초과근로수당, 연구활동비 등이 월 20만 원까지 비과세 됩니다. 연봉에는 이런 비과세 소득이 포함돼 있고, 총급여는 이를 제외한 과세소득의 합계를 말합니다. 연말정산에서 가장 많이 쓰이는 용어입니다. 의료비, 신용카드, 연금계좌, 월세, 도서·공연비 등의 공제 여부를 결정할 때 중요한 기준이 됩니다. 다음과 같이 연봉에서 비과세 소득을 빼면 총급여가 나옵니다.

1. 총급여 = 연봉 − 비과세 소득

이렇게 총급여를 확정하면, 다음 순서인 근로소득금액을 계산하기 위해 총급여에서 근로소득공제를 빼는 단계를 거쳐야 합니다. 모든 직장인이 적용받는 혜택이고, 총급여가 낮을수록 공제율이 높아지는 방식입니다. 다음 표를 참고합시다.

총급여액	근로소득공제
500만 원 이하	총급여액 × 70%
500만 원 초과 1,500만 원 이하	350만 원 + 500만 원을 초과한 금액 × 40%
1,500만 원 초과 4,500만 원 이하	750만 원 + 1,500만 원을 초과한 금액 × 15%
4,500만 원 초과 1억 원 이하	1,200만 원 + 4,500만 원을 초과한 금액 × 5%
1억 원 초과	1,475만 원 + 1억 원을 초과한 금액 × 2%

2. 근로소득금액 = 총급여– 근로소득공제

이제부터 각자 상황에 맞게 소득공제를 하나씩 적용해야 합니다. 공제할 대상과 금액이 늘어날수록 다음 단계인 과세표준을 낮출 수 있고, 실제로 내야 할 세액도 줄어들게 됩니다. 본격적인 절세가 여기서부터 시작되는 것입니다.

먼저 사람 수에 따라 공제금액이 결정되는 '인적공제'부터 채워 넣으면 됩니다. 인적공제를 끝내면 소득공제로 넘어가게 됩니다. 다음 표를 참고합시다.

| 직장인이 받는 특별소득공제

구분		내용
연금보험료 공제		국민연금 등 공적연금 보험료의 불입액 전액
특별 소득공제	건강, 고용보험료	전액 소득공제
	주택자금공제	주택마련저축이나 임차차입금 상환, 장기주택 저당차입금 이자 (한도 400만 원 ~ 2,000만 원)
조특법상 소득공제	신용카드 소득공제	신용카드 사용금액이 연간 급여액의 25%를 초과해야 함 (한도 300만 원)
	청년형 장기펀드 소득공제	연봉 5,000만 원 이하 자가 3년 이상 펀드에 불입 연간 600만 원 납입 한도로 40%를 공제 (2024년까지 연장)

3. 과세표준 = 근로소득금액 - 소득공제

근로소득금액에서 소득공제 항목을 모두 적용하면 위와 같이 과세표준이 산출됩니다. 과세의 기준이 되는 금액이 정해진 것입니다. 과세표준에서 세율을 곱하면 다음과 같이 세액이 산출됩니다. 이때 세율은 과세표준에 따라 6%부터 45%까지 누진세(累進稅, progressive tax, 소득금액이 커질수록 높은 세율을 적용하도록 정한 세금) 방식으로 적용합니다.

4. 산출세액 = 과세표준 × 세율

이제 다음 단계, 산출세액에서 각종 세액공제를 빼면 다음과 같이 결정세액을 구할 수 있습니다. 실제로 내야 할 세금을 줄여주기 때문에 절세 효과가 두드러지게 보입니다. 예를 들어 산출세액이 100만 원인 직장인이 세액공제로 50만 원을 받으면 실제로 내야 할 세금은 50만 원으로 줄어드는 것입니다.

앞서 적용한 근로소득공제와 비슷한 용어인 근로소득세액공제부터 적용합니다. 모든 직장인이 받을 수 있는 혜택으로 산출세액이 130만 원 이하이면 55%를 공제하고, 130만 원을 넘으면 30%를 공제합니다. 다만, 총급여에 따라 다른 한도를 확인해야 합니다. 총급여 3,300만 원 이하인 직장인은 산출세액에서 최대 74만 원을 돌려받고, 총급여 7,000만 원 이하이면 최대 66만 원, 총급여 1억 2,000만 원 이하이면 50만 원, 총급여 1억 2,000만 원을 넘으면 최대 20만 원만 돌려받습니다.

그리고 만 8세 이상의 자녀가 있는 직장인은 자녀세액공제를 받을 수 있습니다. 또 출산이나 입양한 직장인은 첫째 30만 원, 둘째 50만 원, 셋째부터는 70만 원을 세액공제 받을 수 있습니다.

그리고 특별세액공제는 다음 표를 참고합시다.

| 직장인이 받는 특별세액공제

구분		내용
특별세액공제	보험료 세액공제	• 보험료 한도 내 12~15% 세액공제 • 생명·손해보험료: 100만 원, • 장애인 전용 보장성 보험료: 100만 원 추가 한도
	교육비 세액공제	• 교육비 한도 내 15%를 세액공제 • 본인: 대학원 학비까지 전액, 유치원·초중고: 300만 원, 대학생: 900만 원
	의료비 세액공제	• 의료비700만 원 한도 내 15%~30%를 세액공제 (단, 총급여액의 3% 초과해 지출, 본인·경로우대자 등의 한도는 없음)
	기부금 세액공제	• 기부금 한도 내 15% (1,000만 원 초과분은 30%)를 세액공제 • 국가 등: 전액 공제, 종교단체 등에 기부: 근로소득금액의 10~30% 공제
연금계좌 세액공제		• 900만 원 한도 내에서 지출액의 12~15%를 세액공제
월세 세액공제		• 1,000만 원 한도 내 지출액의 15~17%를 세액공제

5. 결정세액 = 산출세액 – 세액공제

마지막으로 결정세액에서 매월 원천징수를 통해 이미 낸 세액(기납부세액)과 비교한 후, 그 차액을 정산해야 합니다.

예를 들어 매월 10만 원씩 연간 120만 원의 소득세를 원천징수한 직장인의 결정세액이 100만 원이면 20만 원을 더 낸 셈이 됩니다. 이런 경우에는 연말정산을 통해 소득세 20만 원을 환급받을 수 있습니다. 반대로 결정세액보다 이미 낸 세액이 적다면 소득세를 추가로 내야 합니다. 연말정산에서 오히려 세금을 토해냈다고 하는 경우인데, 그만큼 매월 원천징수한 세금이 적었다는 의미입니다. 이렇게 계산한 결정세액과 기납부세액(매월 원천징수한 세금)을 비교해 환급 또는 추가 납부가 결정됩니다.

6. 납부세액(환급세액) = 결정세액 - 기납부세액

결정세액에서 기납부세액을 뺀 '납부세액'이 마이너스이면 그만큼 소득세를 돌려받습니다. (지방소득세 10%도 추가로 환급받습니다.)

예를 들어 납부세액이 마이너스 60만 원이면 지방소득세 6만 원을 포함해 총 66만 원을 돌려받을 수 있습니다. 국세청이 1년 동안 더 받아간 소득세 60만 원을 돌려주고, 지방자치단체도 더 걷었던 6만 원을 환급해 주는 것입니다.

6단계 연말정산 구조를 쭉 살펴보면 무언가를 더했다 뺐다 곱했다 이런저런 항목이 많습니다. 지금 정확히 이해는 안 되더라도 상식적으로 결정세액이 작아지려면 위에 있는 항목 중 빼는(-) 항목들의 숫자를 크게 하면 됩니다. 다시 말해 차감 항목인 근로소득공제, 소득공제, 근로소득세액공제, 세액공제(감면)에 해당하는 금액을 크게 하는 것이 연말정산 절세의 핵심입니다. 그런데 이 네 가지 차감 항목 중 근로소득공제, 근로소득세액공제는 연봉의 크기에 따라 자동으로 정해지므로 신경 쓰지 않아도 됩니다.

결국, 소득공제와 세액공제(감면) 두 가지 항목의 금액을 크게 만드는 것이 중요하고, 이 부분을 집중적으로 살펴봐야 합니다.

누진세율을 알면 절세가 보인다

- 연말정산 시 과세표준이 10억 원을 초과하면 최고 세율 50%가 적용된다.

이 문장은 X입니다. 결론부터 말하자면, 다음과 같이 소득세 최고 세율은 45%이고 과세표준이 10억 원을 초과하는 구간입니다.

과세표준	세율	누진공제액
1,400만 원 이하	6%	
1,400만 원~5,000만 원 이하	15%	126만 원
5,000만 원~8,800만 원 이하	24%	576만 원
8,800만 원~1억 5천만 원 이하	35%	1,544만 원
1억 5천만 원~3억 원 이하	38%	1,994만 원
3억 원~5억 원 이하	40%	2,594만 원
5억 원~10억 원 이하	42%	3,594만 원
10억 원 초과	45%	6,594만 원

세알못 **과세표준이 6천만 원일 때, 소득세를 계산하면 얼마인가요?**

택스코디 앞장에서 말했듯이 소득세는 '과세표준 × 세율', 이 공식으로 계산됩니다. (계산 편의상 세액공제는 생략합니다.) 다음 2가지 방식으로 계산 가능합니다. 계산 결과는 같으며, 실무적으로는 2번 방법을 사용합니다.

① 구간별 합산 방식:
1,400만 원 × 6% + (5,000만 원 - 1,400만 원)
15% + (6,000만 원 - 5,000만 원) × 24% = 864만 원

② 누진공제 방식:
6,000만 원 × 24% - 576만 원 = 864만 원

세알못 **누진세율 계산법은 이해했습니다. 그런데 한계세율은 무슨 말인가요?**

택스코디 세알못 씨 과세표준이 6,000만 원일 때, 세율은 최대 24%가 적용됩니다. 1번 구간별 합산 방식을 보면 6%, 15%가 모두 적용되고 마지막으로 가장 높게 적용되는 세율이 24%인데, 이렇게 한 사람에게 적용되는 최고세율을 '한계세율'이라고 합니다. 다음과 같이 정의할 수 있습니다.

- 한계세율: 현재 상황에서 추가로 소득이 증가하거나 감소했을 때 세금의 증감액을 결정하는 세율

쉽게 말하자면 과세표준 6,000만 원인 세알못 씨가 추가적인 소득이 발견되어 과세표준이 100만 원 증가했다고 합시다. 그럼 분명 세금은 커질 텐데 얼마나 늘어날까요? 6%, 15%, 24% 세 가지 세율이 적용되기 때문에 이 세 가지 세율을 모두 고려해 증가하는 세금을 계산해야 할까요? 그렇지 않습니다. 증가하는 소득은 과세표준 6,000만 원 위로 쌓이는 소득이므로 6%, 15%의 세율은 전혀 적용되지 않고 현재 적용되는 가장 높은 세율인 24%만 적용됩니다. 따라서 과세표준 100만 원 증가로 인해 늘어나는 세금은 '100만 원×24% = 24만 원'이 됩니다. 반대로 소득이 100만 원 줄어들었다면 이로 인해 줄어드는 세금 역시 24만 원이 되는 것입니다.

정리하면 근로소득 외 추가로 다른 소득이 있다면 세금은 급격히

커지는 구조가 바로 누진과세방식입니다. 그러므로 추가로 다른 소득이 있다면 최대한 합산하지 않는 것이 유리합니다.

연말정산을 끝낸 후 빠뜨린 항목을 찾았다면?

• 연말정산을 마친 직장인 중 신고 누락 항목이 있다면, 5월 종합소득세 신고 기간에 정정 신고하면 된다.

이 문장은 O입니다. 지난 1월 연말정산을 제대로 못 한 직장인이라면, 그해 5월 종합소득세 신고 기간에 바로잡을 수 있습니다. 신고 누락 항목으로 연말정산 때 공제를 덜 받은 게 있다면 이때 세금을 더 돌려받을 기회가 있습니다.

대한민국에서 소득이 있는 사람이라면 매년 5월에 종합소득세 신고를 해야 합니다. 하지만 근로소득만 있는 직장인은 '5월' 그리고 '종합소득세'와는 거리가 멉니다. 종합소득세 예외 대상이기 때문입니다. 직장인들은 회사가 알아서 대신 소득세를 뗀 후 월급을 주고, 잘 떼간 건지 연말정산으로 확인까지 해줍니다. 따로 신고할 필요가 없습니다. 근로소득도 종합소득에 포함되지만, 이미 회사를 통해 세금신고납부를 했기 때문에 5월 종합소득세 신고를 하지 않아도 됩니다.

세알못 **지난해 아동 보육시설에 300만 원을 기부했는데, 기부한 기관의 실수로 기부금 증빙서류 발급이 지연돼 결국 기부금 세액공제를 받지 못했습니다.**

택스코디 지출 증빙을 갖추지 못해 공제 감면을 빠뜨린 때에는 5월 종합소득세 신고 시 반영하면, 6월에 환급금을 받을 수 있습니다. 증빙서류를 준비하지 못했던 월세 세액공제나 연말정산 신고 기간 이후 종이 영수증으로 뒤늦게 발급받은 기부금 의료비 교육비 등을 신고할 수 있습니다.

물론 경정청구를 통한 공제신고도 가능하나 환급까지 최대 두 달 이상이 걸릴 수 있는 등 불편함이 커 5월 종합소득세 신고 기간에 함께하는 것이 유리합니다.

세알못 **연말정산을 하면서 실수로 실손 의료 보험비를 제외하지 않고 의료비 과다공제를 받은 것 같습니다.**

택스코디 실손 의료보험에서 받은 보상금을 제외하지 않은 의료비 과다 공제를 받았을 때도 5월 중 정정신고가 가능합니다.
참고로 정정신고는 국세청 홈택스 사이트 또는 세무서를 방문해 할 수 있습니다. 홈택스에서 공제 감면을 신청하려면 로그인 후 '세금신고 → 종합소득세 → 근로소득 신고 → 정기신고' 메뉴에서 신고서를 작성 제출하면 됩니다.

세금신고 → 종합소득세 → 근로소득 신고 → 정기신고

만약 작년에 퇴사했거나 이직해서 2개 이상의 회사에서 소득이 생겼다면 더더욱 5월은 중요합니다. 예를 들어 작년 11월 퇴사했다면 올 1월 연말정산을 하지 못했을 것입니다. 연말정산 기간에 회사를 다니지 않고 있었으니 연말정산을 도와줄 회사가 없었기 때문입니다. 올해 1월 다른 직장에 취업했더라도 연말정산은 지난해 소득이 대상이라 재취업한 회사와는 무관합니다.

실무적으로 퇴사할 때 퇴직금 정산과 함께 간략한 근로소득세 정산을 하지만, 연말정산처럼 상세한 자료를 반영하지 않는 게 문제입니다. 그러다 무직인 상태로 해를 넘겼다면 5월에 종합소득세 신고를 해야 합니다.

세알못 **그럼 퇴사하자마자 그다음 달 곧바로 재취업했을 때는요?**

택스코디 그렇더라도 5월은 중요합니다. 이직한 새 회사에선 근무한 기간 만큼에 대해서만 연말정산을 합니다.

이전 직장 소득자료도 넘겨서 합산하지만, 퇴사 때 했던 간략한 정산 내역이 넘어오기 때문에 1년 치 소득과 지출 증빙에 관한 확인이 정확하지 않을 때도 있습니다. 만약 실수나 부족한 게 생긴다면 환급받을 수 있는 걸 놓친 게 됩니다. 퇴사자와 이직자가 5월 종합소득세 신고를 챙겨야 하는 이유입니다.

세알못 **근로소득 외 다른 소득이 있는 이른바 N잡러라면 어떻게 해야 하나요?**

택스코디 N잡러라면 5월 종합소득세 신고는 선택이 아닌 필수입니다. 아르바이트했거나 프리랜서 소득 등 월급 외 다른 소득이 더 있는 경우 국세청에서 신고안내 우편물이 발송됩니다. 만약 우편물을 받지 못했더라도 홈택스에 로그인하면 전자문서로 확인 가능합니다. 참고로 지난 1년간 벌어들인 소득은'지급명세서'라는 이름의 항목 리스트를 찾아서 확인할 수 있습니다. 대가를 준 사람들이 그 내용을 국세청에 신고한 자료입니다.

만약 내야 할 세금이 있다면 반드시 기한 내 신고하고 납부해야 불필요한 가산세를 피할 수 있습니다. 다시 강조하지만, 이직 및 퇴직하면서 연말정산을 잘 챙기지 못했거나 월급 외 다른 소득이 있다면 5월 31일까지 종합소득세 신고를 해야 합니다. 다음 표를 보고 종합소득세 신고 대상인지 참고합시다.

구분	신고 대상 여부
장기근속 중이고 월급뿐인 직장인	종합소득세 신고 대상이 아니다.
연말정산 공제 누락한 직장인	종합소득세 신고 기간에 공제 신청해 환급받자.
지난해 퇴사한 직장인	종합소득세 신고 대상이다.
퇴사 후 바로 이직한 직장인	종합소득세 신고 기간에 모든 항목이 잘 반영되었는지 확인하자.
N잡러 직장인	종합소득세 신고 대상이다.

원천징수 비율을 조정하자

- '소득세 원천징수세액 조정신청서'를 작성해 비율을 바꾸면, 그해 한 번 더 다시 바꿀 수 있다.

이 문장은 X입니다. 결론부터 말하자면, 회사에 '소득세 원천징수세액 조정신청서'를 작성해 제출하면 다음 월급날부터 바꾼 비율대로 소득세를 떼고 월급이 들어옵니다. 한 번 비율을 바꾸면 그 해는 다시 바꿀 수 없습니다.

연말정산이라고 하면 대부분 세금을 환급받는 일을 생각하고, 이런 기대감 때문에 '13월의 월급'이라는 말이 연말정산을 대표하는 단어가 되었습니다. 하지만 연말정산 후 모두가 세금을 돌려받지 못합니다. 직장인 셋 중 한 명은 세금을 환급받지 못하고 더 내고 있습니다. 만약 당신이 그 속에 포함된다면 어떻게 해야 할까요.

연말정산을 하고 나면 1년 치를 정산한 근로소득 원천징수영수증을 받게 됩니다. 맨 끝에 있는 세액명세서를 보면 환급 대상인지 납부대상인지 알 수 있습니다.

연말정산결과 결정된 '결정세액'이 매월 떼인 '기납부세액'보다 크면 그 차이인 '차감징수세액'만큼 세금을 더 내야 합니다. 결정세액이 기납부세액보다 적어서 차감징수세액에 '-'표시가 되어있는 직장인들만 세금을 환급받는 겁니다.

연말정산 환급액이 2월 급여에 포함되어 나오는 것처럼, 추가로 내야 할 세금도 2월 급여에서 떼갑니다. 만약 수백만 원의 세금을 더 내야 하는 상황이라면 2월 월급통장이 텅텅 비는 불상사도 발생할 수 있는 것입니다.

세알못 **그럼 추가로 토해내야 할 세금이 큰 경우, 분납도 가능한가요?**

택스코디 다행히 납부세액이 10만 원이 넘는 경우 분납을 신청할 수 있습니다. 연말정산 후 추가납부세액의 분납은 3개월로 나눠 낼 수 있습니다. 2월 급여에서 한 번에 떼가지 않고, 2월과 3월, 4월 급여에서 각각 나눠 떼가도록 하는 것입니다.

분납은 근로자가 원천징수의무자인 회사에 신청해야 합니다. 연말정산 후 분납 의사가 있는 경우 소득 세액 공제신고서에 분납 신청을 표시하고 분납비율을 정하면 됩니다.

다시 말하지만, 연말정산 후 환급금은 지원금이 아니라 내가 지난 1년간 마땅히 내야 할 것보다 많이 낸 세금을 돌려받은 겁니다. 즉, 처음부터 안 내도 될 돈을 냈다가 돌려받은 것일 뿐 '공돈'이 생긴 게 아니라는 말입니다.

연말정산은 연말이라는 단어와 다르게 다음 해 1 2월에 합니다. 1월 중 회사를 통해 이런저런 자료를 제출하고 나면, 2월 급여에 환급금이 입금되죠. 그래서 연말정산을 '13월의 월급'이라고 부르기도 합니다.

세알못 **그렇다면 처음부터 내야 할 만큼만 거둬가면 되는 것 아닌가요?**

택스코디 그렇게 생각할 수도 있습니다. 내가 낸 세금(기납부세액)과 마땅히 내야 할 세금(결정세액)에 차이가 생기는 건 정부가 여러 이유로 세금을 깎아주기 때문입니다.

월급이 같다고 해도 주머니 사정이 같지는 않습니다. 과세당국은 저마다 다른 형편을 세금부과액에 반영하기 위해 세금을 깎아주는데, 이를 공제라고 합니다. 그런데 공제금액은 한 해가 다 지나야 확정됩니다. 그래서 우리가 매달 꼬박꼬박 내는 세금은 개인의 세세한 사정을 반영하지 않은 채 부과됩니다. 매년 연말정산을 해야 하는 이유입니다. 다시 말해, 어렵다고 또는 귀찮다고 연말정산을 제대로 안 하면 안 내도 될 세금을 굳이 나라에 기부하는 셈입니다.

환급금이 많다는 말은, 공제를 많이 받은 것입니다. 하지만 그리 좋아만 할 일은 아닙니다. 그만큼 내가 내야 할 것보다 세금을 많이 냈다는 뜻이기 때문입니다. 세금으로 안 냈으면 그 돈을 예 적금에 넣어 이자를 한 푼이라도 챙길 수 있습니다. 주식을 사 차익 실현을 했을 수도 있습니다. 그러므로 환급금을 많이 받았다면 '원천징수세액 조정'을 고려해 볼 필요가 있습니다. 쉽게 말해 매달 원천징수 하는 소득세 수준을 근로자 본인이 일부 결정할 수 있다는 말입니다.

매달 내는 근로소득세 금액은 법으로 정해져 있습니다. 대신 근로자는 매달 이 금액의 100%를 낼지, 80%만 낼지, 120%를 낼지 선택할 수 있습니다.

매달 20만 원을 소득세로 내는데 환급금이 100만 원 나왔다고 가정해봅시다. 이 경우, 80%를 선택하면 매달 원천징수 하는 소득세가 16만 원으로 줄어듭니다. 20만 원을 낼 때보다 매달 4만 원씩, 1년 동안 48만 원을 적금에 더 납입할 수 있습니다. 대신 2월 환급금은 52만 원으로 줄어듭니다.

조정 방법은 간단합니다. 회사에 '소득세 원천징수세액 조정신청서'라는 걸 작성해 제출하면 됩니다. 그럼 다음 월급날부터 바꾼 비율대로 소득세를 떼고 월급이 들어옵니다. 한 번 비율을 바꾸면 그 해는 다시 바꿀 수 없다는 점도 기억해야 합니다.

외국인 근로자 연말정산은?

· 외국인 근로자도 내국인처럼 연말정산을 해야 한다.

이 문장은 O입니다. 외국인 근로자도 내국인처럼 연말정산을 해야 합니다. 외국인이라고 딱히 다르지 않습니다. 기본적으로 한국에서 근로소득이 있는 외국인 근로자라면 국적·체류 기간·소득 규모와 관계없이 올해 2월분 급여를 받을 때(또는 2월 말일)까지 연말정산을 해야 합니다. 단, 일용직 근로자는 제외합니다.

외국인 근로자의 연말정산 방법은 큰 흐름에서 보면 내국인 근로자와 같습니다. 소득세액 공제신고서와 증빙서류를 원천징수의무자인 회사에 제출하고 연말정산 결과에 따라 회사를 통해 소득세액을 추가로 내거나 환급받게 됩니다. 외국인 근로자는 거주자인지 아닌지에 따라 연말정산 방법이 다릅니다.

외국인 근로자가 국내에 주소를 두거나 183일 이상 거주한 '거주자'에 해당한다면 일반적인 소득공제나 세액공제 등 공제항목은 내국인 거주자와 같습니다. 이때 183일을 반드시 연속으로 거주할 필요는 없습니다. 입국 다음 날부터 출국하는 날까지 국내 거주기간에 포함되고, 일시적인 출국도 국내 거주기간에 포함됩니다. 특히 국내에 주소가 있다면, 체류 기간과 상관없이 거주자로 봅니다. 다만, 외국인은 주민등록법상 세대주 세대원이 될 수 없어 이를 요건으로 하는 주택자금 소득공제, 월세액 세액공제, 주택마련저축 소득공제 등 일부 공제항목은 적용받지 못합니다.

비거주자는 한국에 주소가 없고 183일 미만을 거주한 사람을 뜻합니다. 외국인 근로자가 비거주자라도 국내 원천 근로소득에 대해 연말정산을 해야 하며, 거주자인 외국인 근로자와 동일한 계산방법을 따릅니다. 다만, 비거주자는 일부 소득 세액공제 항목만 적용됩니다. 근로소득공제, 본인 인적공제, 연금보험료 공제, 우리사주조합 출연금 공제, 근로소득세액공제, 납세조합세액공제만 받을 수 있습니다. 의료비, 교육비 등 특별세액공제와 그 밖의 대부분 공제(소득 세액)는 비거주자에겐 적용되지 않습니다. 다음 표를 참고합시다.

| 내·외국인 거주자·비거주자의 소득·세액공제 비교

구분		내국인		외국인	
		거주자	비거주자	거주자	비거주자
총급여		국외 근로소득 포함	국내 원천소득	국외 근로소득 포함	국내 원천소득
근로소득공제		O	O	O	O
인적 공제	기본공제	O	본인만 가능	O	본인만 가능
	추가공제	O	본인만 가능	O	본인만 가능
연금보험료 공제		O	O	O	O
특별 소득 공제	국민건강·고용보험료	O	X	O	X
	주택자금 공제	O	X	O	X
그 밖의 소득 공제	연금저축 등 공제	O	X	O	X
	소기업·소상공인공제 부금공제	O	X	O	X
	주택마련 저축공제	O	X	X	X
	중소기업 창업투자조합 출자공제	O	X	O	X
	신용카드 소득공제	O	X	O	X
	고용유지 중소기업	O	X	O	X
	근로자 소득공제	O	X	O	X
	장기집합투자 증권저축	O	X	O	X
	우리사주조합출연금공제	O	O	O	O

세액공제	근로소득세액공제	O	O	O	O
	자녀세액공제	O	X	O	X
	특별세액공제(보험료·의료비·교육비·기부금)	O	X	O	X
	월세액세액공제	O	X	O	X
	납세조합세액공제	O	O	O	O
	외국납부세액공제	O	X	O	X
	표준세액공제	O	X	O	X

그리고 외국인에게 적용되는 '과세특례'가 있습니다. 이 과세특례는 외국인 근로자가 비과세 소득을 포함한 모든 소득에 '19%'단일세율로 세금을 정산받을 수 있도록 합니다.

특히, 2024년부터 단일세율을 적용할 수 있는 과세기간이 국내 근무 시작일부터 5년이던 것이 20년으로 확대됐습니다. 2023년 1월 1일 이후 발생하는 소득분부터 적용되므로, 2024년 연말정산 시 적용할 수 있습니다. 확대된 개정안의 국내 근무 시작일은 기존과 같습니다. 예를 들어 2022년 1월 1일부터 근로를 제공하고 있는 외국인 근로자라면, 2022년 1월 1일이 국내에서 최초로 근로를 제공한 날입니다.

세알못 **그럼 외국인 근로자는 과세특례를 적용받는 게 무조건 유리한가요?**

택스코디 자신에게 유리한지는 따져 봐야 합니다. 단일세율 19%는 현행 소득세 과세구간 중 5,000만 원 이하에 적용되는 15%보다 높고, 8,800만 원 이하에 적용되는 24%보다는 크게 낮아 소득에 따라 미리 확인할 필요가 있습니다. 만약 단일세율을 선택했다면, 비과세 공제 감면 세액공제는 적용받을 수 없으므로 세액계산에 유의해야 합니다.

이처럼 과세표준 및 공제항목에 따라 부담하는 세액이 달라질 수 있어, 단일세율 적용이 쉽더라도 유리하지 않을 수 있습니다. 따라서 단일세율 적용 전 연말정산 간소화 서비스 등을 통해 사전에 예상세액을 계산해 유리한 방법을 선택해야 합니다.

또 엔지니어링 기술 계약을 통해 기술을 제공하거나 연구원 관련 요건을 충족하면 10년간 발생한 근로소득에 대해 소득세의 50%를 감면받습니다. 소재 부품 장비산업 경쟁력 강화를 위한 특별조치법에 따른 특화선도기업 등에서 근무했을 땐, 최초로 근로를 제공한 날로부터 3년간의 소득세 감면율은 70%입니다.

원어민 교사(교수)는 조세조약을 체결한 국가마다 면세 요건이 달라 국가별로 따로 검토해야 합니다. 미국 일본 프랑스 호주 거주자(72개국)라면 정부나 지방자치단체 인가된 교육기관에서 초청받은 경우, 2년을 초과하지 않은 기간 동안 근로소득에 대해 면세가 가능합니다.

PART II

이 정도만 알아도
절세 고수,
연말정산 소득공제

부양가족공제, 절세의 시작이다

· 2024년 5월에 결혼했지만, 혼인신고는 2025년 1월에 했다. 결혼 이후로 아내의 어머니를 부양하고 있다. 2024년 귀속 연말정산에서 아내와 장모님을 부양가족으로 추가할 수 있다.

이 문장은 X입니다. 결론부터 말하자면 부양가족공제 판단은 혼인날이 아니라 혼인신고일을 기준으로 하므로 2024년 12월 31일 이전에 혼인신고를 하지 않았다면, 2024년 귀속 연말정산에서는 배우자와 배우자의 어머니 인적공제가 불가능합니다.

부양가족공제란 단어 그대로 '부양가족'에 따라 세금을 줄여주는 제도입니다. 부양하는 가족이 있으면 들어갈 돈이 많을 테니, 그만큼 세금을 깎아주겠다는 말입니다. 기본적으로 가족 수가 많을수록, 그리고 부양하기가 쉽지 않을수록 세금을 많이 줄여주는 구조로 되어 있습니다. 그렇다고 무작정 가족 수대로 공제받을 수 있는 것은 아닙니다. 소득과 나이 등 여러 요건에 따라 공제대상에 해당하지 않을 수 있으므로 먼저 이를 꼼꼼히 따져 봐야 합니다.

공제대상 부양가족이 되기 위해선 먼저 나이 요건을 충족해야 합니다. 세법의 나이는 무조건 '만' 나이를 기준으로 합니다. 민법에서는 미성년자를 만 19세로 보지만, 세법에서는 자녀의 경우 만 20세까지는 경제적으로 부모 도움을 받을 수 있다고 봅니다. 다시 말해 만 20세까지는 부모 부양가족(기본공제대상자)으로 인정받을 수 있다는 말입니다. 다음 표를 참고합시다.

| 부양가족공제 대상 구분

<table>
<tr><th>관계</th><th>일반 명칭</th><th>나이 요건</th><th>생계 요건</th><th>소득 요건</th></tr>
<tr><td>직계존속</td><td>아버지(계부), 어머니(계모),
조(외)부모, 증조 (외)부모</td><td>만 60세 이상인 자</td><td rowspan="5">생계를
같이 하는
부양가족</td><td rowspan="5">연간환산
소득금액
100만 원
이하</td></tr>
<tr><td>직계비속</td><td>자녀, 손자, 외손자</td><td>만 20세 이하인 자</td></tr>
<tr><td>형제자매</td><td>동기간, 시누이,
시동생, 처남, 처제</td><td>만 20세 이하,
만 60세 이상인 자</td></tr>
<tr><td>입양자</td><td>자녀</td><td>만 20세 이하인 자</td></tr>
<tr><td>장애인</td><td>모든 관계</td><td>나이 제한 없음</td></tr>
</table>

세알못 **그런데 1월 1일생이 아닌 이상 대부분 연도 중에 만 20세의 생일을 맞이하게 되는데, 만 20세가 되는 해에는 만 20세인 시기와 만 20세를 초과하는 시기가 섞여 있는 거 아닌가요? 이럴 땐 어떻게 판단하나요?**

택스코디 세법에서는 단 하루라도 만 20세인 시기가 있는 해까지는 만 20세 이하 요건을 만족하는 것으로 인정해줍니다. 따라서 기본공제대상자가 될 수 있습니다.

배우자 역시 부양가족공제가 가능한데 나이는 상관없고, 해당 과세기간의 소득금액이 없거나 소득금액 합계액이 100만 원 이하(총급여액 500만 원 이하의 근로소득만 있는 배우자 포함)여야 합니다.

그리고 직장인 본인과 배우자의 형제자매는 기본공제대상에 포함될 수 있으나, 형제자매의 배우자(제수, 형수 등)는 기본공제대상에 포함되지 않습니다.

세알못 **2024년 5월에 결혼했지만, 혼인신고는 2025년 1월에 했습니다. 결혼 이후로 아내의 어머니를 부양하고 있습니다. 2024년 귀속 연말정산에서 아내와 장모님을 부양가족으로 추가할 수 있나요?**

택스코디 혼인관계 증명서상 혼인신고일을 기준으로 배우자를 판단하게 되므로 2024년 12월 31일 이전에 혼인신고를 하지 않았다면, 2024년 귀속 연말정산에서는 배우자와 배우자의 어머니 인적공제가 불가능합니다.

세알못 나이든 아버님을 부양하면서 연말정산 때마다 기본공제대상자로 신청했습니다. 어느 해 아버님은 본인 소유 시골 땅을 팔고 양도소득세를 냈습니다. 시골 땅이라 값도 얼마 나가지 않았고, 양도소득세는 10만 원 정도 나왔습니다. 저는 계속해서 아버님을 연말정산 공제대상자로 신청했습니다. 그런데 그로부터 약 2년이 지난 후 갑자기 세무서로부터 소득공제액 과다로 인한 세금 추징이라는 통지서를 받았습니다.

택스코디 배우자 또는 부양가족의 경우 연간 소득금액의 합계액이 100만 원 이하일 때만 기본공제대상자가 될 수 있습니다. 여기에서의 소득금액은 근로소득이 속해 있는 종합소득뿐 아니라 퇴직소득 및 양도소득까지 포함해서 계산합니다. 따라서 어떤 가족에게 100만 원을 초과하는 양도소득금액이 있으면 그 가족은 기본공제대상에서 제외됩니다.

하지만, 분리과세하는 소득이나 비과세되는 소득은 아무리 금액이 커도 소득이 있는 것으로 보지 않습니다.

세알못 씨 사례에서 아버님은 당연히 나이 요건은 만족했지만, 땅을 팔고 양도소득세를 냈던 것이 발목을 잡은 것입니다. 소득요건이란 연간환산소득금액 100만 원 이하를 말합니다. 그런데 양도소득세를 단 한 푼이라도 매려면 양도소득세 계산 구조상 양도소득금액은 반드시 100만 원이 넘어야 합니다.

그리고 하나 더 기억해야 할 '소득금액'의 성질이 있습니다. 소득금액이란 매출액이 아니고 비용을 차감한 순이익 개념, 즉 총수입금액에서 필요경비를 뺀 금액입니다. 만약 배우자가 사업을 하고 있는데 연간 매출액이 1억 원이었더라도 필요경비가 9,900만 원이 발생했다면 사업소득금액은 100만 원이 됩니다.

세알못 **국민연금을 받는 부모님도 부양가족공제가 가능한가요?**

택스코디 다시 말하지만, 종합소득세 신고 시 기본공제자로 등록할 수 있는 기준은 연간소득금액 100만 원 이하입니다. 연간 노령연금 수령액이 약 516만 원 이하일 때 연금소득공제로 416만 원이 차감되어 연금소득금액은 100만 원으로 계산되며, 부양가족 기본공제자로 등록할 수 있습니다.

참고로 2001년 이전 가입 기간에 따른 국민연금 노령연금액은 과세 제외 소득입니다. 따라서 2002년 1월 1일 이후 가입 기간에 낸 연금보험료 몫으로 돌려받는 노령연금과 반환일시금만 과세대상입니다.

또한, 비과세 소득에 해당하는 장애연금과 유족연금도 과세기준금액에서 제외됩니다. (정확한 과세대상 연금액이 궁금한 사람은 국민연금공단 전자민원서비스나 콜센터 1355로 문의하면 확인 가능합니다.)

정리하면 연간환산소득금액은 연금소득 외에 근로소득금액, 사업소득금액, 기타소득금액, 이자 배당소득금액과 퇴직소득금액, 양도소득금액까지 포함되기 때문에 이 금액의 총합이 100만 원 이하인지 꼭 확인해야 합니다. 연간환산소득금액 100만 원 이하 예시는 다음과 같습니다.

소득종류		연간소득금액 100만 원 이하 예시	비고
종합소득	이자/배당소득	• 금융소득합계액이 연 2천만 원 이하(분리과세)	
	근로소득	• 상용근로소득: 총급여액 500만 원 이하 • 일용근로소득: 소득금액과 관계없이 기본공제 신청 가능	일용근로소득은 분리과세
	사업소득	• 사업소득금액 100만 원 이하 • 총수입금액이 2천만 원 이하인 주택임대소득 (분리과세를 선택한 경우)	
	기타소득	• 기타소득금액 300만 원 이하(분리과세를 선택한 경우)	
	연금소득	• 공적연금: 약 516만 원 이하 • 사적연금: 연금계좌에서 연금형태로 받는 소득 중 분리과세되는 연금소득(연금소득 1,500만 원 이하) IRP에 입금되어 과세이연된 퇴직금을 연금으로 수령하는 금액 연금계좌에서 의료목적, 천재지변 등 부득이한 사유로 인출하는 금액	• 공적연금: 국민연금, 공무원/군인연금 • 사적연금: 연금저축, 퇴직연금
퇴직소득		퇴직금 100만 원 이하	
양도소득		양도소득금액 100만 원 이하	

세알못 **63세인 어머니와 단둘이 사는 직장인입니다. 어머니는 수입이 전혀 없습니다. 인적소득공제액은 얼마인가요?**

택스코디 300만 원입니다. 다음과 같습니다.

• 기본공제 - 본인과 어머니 2명 × 150만 원 = 300만 원

부양가족공제, 추가 공제로 세금을 더 줄이자

· 장애인 추가공제 대상자에는 치매, 당뇨 등을 알고 있는 중증환자도 포함한다.

이 문장은 O입니다. 세법에서 말하는 장애인은 장애인복지법에 따른 장애인뿐 아니라 국가유공자 관리법에 따른 상이자 또는 그와 비슷한 자로서 근로 능력이 없는 자도 장애인으로 인정해줍니다. 그리고 '기타 항시 치료를 요구하는 중증환자'도 의사로부터 '장애인증명서'를 발급받으면 세법상 장애인으로 인정받을 수 있습니다.

부양가족공제는 크게 '기본공제'와 '추가공제'로 나뉩니다. 다시 복습해 보면 기본공제란 본인, 배우자, 부양가족 등 사람 1명당 연 150만 원을 곱해 계산한 금액을 종합소득금액에서 공제하는 것을 말합니다.

예를 들어 근로자 본인과 배우자, 부모님 한 분, 자녀 2명 등 본인을 포함해 부양하는 가족이 5명(나이 소득요건 충족 가정)이라면 1명당 150만 원, 총 750만 원이 기본으로 공제된다는 말입니다.

이번 장에서 말할 추가공제란 기본공제 대상자가 장애인이나 경로 우대자에 해당하면 '추가'로 공제를 해주는 제도를 말합니다.

기본공제 대상자가 장애인이면 1명당 연 200만 원(장애인 추가공제), 70세 이상 (2024년 귀속, 1954년 12월 31일 이전 출생자)이면 1명당 100만 원(경로우대자 추가공제)을 추가로 공제받을 수 있습니다.

참고로 세법에서 말하는 장애인은 장애인복지법에 따른 장애인뿐 아니라 국가유공자 관리법에 따른 상이자 또는 그와 비슷한 자로서 근로 능력이 없는 자도 장애인으로 인정해줍니다. 그리고 '기타 항시 치료를 요구하는 중증환자'도 의사로부터 '장애인증명서'를 발급받으면 세법상 장애인으로 인정받을 수 있습니다.

또 종합소득금액이 3,000만 원 이하인 거주자가 어느 하나에 해당해도 연 50만 원 추가공제가 가능합니다. 이른바 '부녀자 추가공제'로, 배우자가 있는 여성이거나 배우자가 없는 여성이라도 기본공제 대상자인 부양가족이 있는 세대주 등은 추가로 공제를 받을 수 있습니다.

이외에도 배우자가 없는 근로자가 기본공제대상자인 직계비속 또는 입양자가 있는 경우 '한부모 공제'라는 명목으로 연 100만 원의 추가공제를 받을 수 있습니다. 한부모 공제는 성별을 따지지 않습니다. 배우자 없이 자녀를 키우고 있는 직장인은 연 100만 원을 공제받을 수 있습니다. 만약 부녀자 공제와 한부모 공제요건을 동시에 충족하면 하나만 선택해야 합니다. 물론 공제금액이 두 배인 한부모 공제를 선택해 100만 원을 공제받는 것이 유리합니다. 다음 표를 참고합시다.

구분	요건	공제액
경로우대자	기본공제대상자가 만 70세 이상인 경우	1인당 100만 원
장애인	기본공제대상자가 장애인인 경우	1인당 200만 원
한부모	해당 근로자가 배우자가 없는 자로서 기본공제대상자인 직계비속 또는 입양자가 있는 경우	연 100만 원
부녀자	해당 과세기간의 근로소득금액이 3천만 원 이하인 근로자가 1. 배우자가 없는 여성으로서 부양가족이 있는 세대주이거나 2. 배우자가 있는 여성인 경우	연 50만 원

공제대상인 배우자나 부양가족 장애인 또는 경로 우대자에 해당하는지, 아닌지의 판정은 해당 과세기간의 종료일인 12월 31일 현재 상황에 따릅니다.

그리고 소득세법 제50조 제1항 제3호 (생계를 같이하는 부양가족) 및 제59조의2 (자녀세액공제)에 따라 적용대상 나이가 정해진 경우에는 해당 과세기간 동안 해당 나이에 해당하는 날이 있는 경우에 공제대상자로 봅니다.

예를 들어 작년 12월 27일에 결혼했다면 배우자에 대해 기본공제를 받을 수 있습니다. 배우자공제 등 인적공제는 해당 과세기간의 과세기간 종료일인 12월 31일 현재 상황에 의하므로 결혼한 배우자(사실혼 제외)에 대해서는 배우자공제를 받을 수 있는 것입니다.

또한, 작년에 부양하고 있던 장인이 사망했다면 기본공제에 경로우대자 추가공제까지 받을 수 있습니다. 연도 중 사망한 경우 사망일 전일 상황에 의해 공제대상 여부를 판단하기 때문입니다.

그리고 과세기간 동안 부양 기간이 1년 미만이어도 부양가족공제는 월할 계산되지 않고 전액 공제됩니다.

한편, 인적공제의 합계액이 종합소득금액(근로소득의 경우 총급여액에서 근로소득공제를 차감한 금액)을 초과하는 경우 그 초과하는 공제액은 없는 것으로 합니다.

세알못 **직장을 다니고 세대주인 여성입니다. 55세인 어머니와 5살 된 딸과 함께 살고 있습니다. 인적소득공제액은 얼마인가요?**

택스코디 기본공제와 추가공제를 모두 받을 수 있습니다. 총 공제금액은 350만 원입니다. 다음과 같습니다.

- 기본공제 - 본인과 딸 2명 × 150만 원 = 300만 원
  (이때 어머니는 나이 요건이 맞지 않아 공제되지 않습니다.)
- 추가공제 - 부녀자 공제 50만 원(세대주로서 부양가족이 있는 여성)
- 총 공제금액 = 기본공제 + 추가공제 = 300만 원 + 50만 원
  = 350만 원

부양가족공제,
중복공제에 주의하자

· 이혼한 부부 자녀 기본공제, 부양하지 않는 사람은 받을 수 없다.

이 문장은 X입니다. 결론부터 말하자면, 자녀를 실질적으로 부양하고 있는 이혼한 부 또는 모가 부양가족 기본공제를 적용받는 것이 원칙입니다. 하지만 합의에 따라 남편 또는 부인의 공제대상 부양가족으로 신청해 공제를 적용해도 괜찮습니다.

대한민국 직장인이라면 모르는 사람이 없는 제도가 연말정산입니다. 하지만 매번 접해도 어렵습니다. '누구나 알지만, 아무도 모르는 제도'라는 수식어가 붙는 이유입니다.

연말정산을 제대로 대처하면 '13월의 월급'을 받을 수 있지만, 과다하게 소득 세액공제를 받게 되면 과소납부한 세액과 더불어 신고납부지연가산세를 추가 부담하게 돼 '세금폭탄' 가능성도 있으므로 주의해야 합니다.

세알못 **따로 사는 부모님도 부양가족공제가 가능한가요?**

택스코디 직계존속 (부모님이나 조부모님)이 주거 형편에 따라 따로 살고 있더라도 실제 생계를 같이 하고 있다면 공제를 받을 수 있습니다. 기본공제대상인 배우자의 부모님도 마찬가지입니다.

참고로 직계존속에는 배우자의 직계존속 (장인, 장모 등)뿐만 아니라 직계존속이 재혼한 경우 직계존속의 배우자로서 혼인 (사실혼 제외) 중임이 증명되는 사람을 포함합니다. 직계존속이 재혼한 후 사망한 때에도 재혼한 배우자(계부, 계모)를 직계존속 사후에도 부양하는 경우에는 기본공제를 받을 수 있습니다.

세알못 **누나와 동생 모두 직장인입니다. 둘 다 아버지를 기본공제 대상자로 신고한 경우 누가 공제를 받나요?**

택스코디 이런 중복공제는 흔히 하는 실수 중 하나입니다. 맞벌이 부부가 각각 자녀 모두를 또는 형제자매들이 각각 부모님을 공제 대상에 넣는 건데 이 경우 신청자 한 사람만 공제됩니다.
부모님(장인 장모 포함)에 대해 다수의 자녀가 인적공제를 신청했거나 누구의 공제대상자로 할 것인지 알 수 없는 경우 실제 부양했다는 사실을 입증하는 사람에게 우선권이 있습니다.

세알못 **만약 실제 부양했다는 사실을 입증하는 사람이 둘 이상이면 어떻게 하나요?**

택스코디 그런 경우에는 직전 과세기간에 부양가족으로 인적공제를 받은 사람이 우선입니다.
그리고 직전 과세기간에 부양가족으로 인적공제를 받은 사실이 없는 경우에는 해당 과세기간의 종합소득금액이 가장 많은 사람에게 우선권이 돌아갑니다.

세알못 **이혼한 부부의 자녀에 대한 기본공제는 누가 적용받는가요?**

택스코디 자녀를 실질적으로 부양하고 있는 이혼한 부 또는 모가 부양가족 기본공제를 적용받을 수 있습니다. 또 합의에 따라 남편 또는 부인의 공제대상 부양가족으로 신청해 공제를 적용해도 괜찮습니다. 하지만 각각 중복으로 공제하는 건 안 됩니다.

다음은 기본공제와 추가공제를 한 눈에 정리한 표입니다.

<table>
<tr><th colspan="2" rowspan="3">구분</th><th colspan="3">공제요건</th><th rowspan="3">비고
(2024년 귀속)</th></tr>
<tr><th rowspan="2">나이
요건</th><th rowspan="2">소득
요건</th><th>동거요건</th></tr>
<tr><th>주민등록 동거</th></tr>
<tr><td rowspan="7">기본공제</td><td>본인</td><td>X</td><td>X</td><td>X</td><td></td></tr>
<tr><td>배우자</td><td>X</td><td>O</td><td>X</td><td></td></tr>
<tr><td>직계존속</td><td>60세 이상</td><td>O</td><td>주거 형편상
별거 허용</td><td>1964.12.31. 이전</td></tr>
<tr><td>직계비속,
동거입양자</td><td>20세 이하</td><td>O</td><td>X</td><td>2004. 1. 1. 이후</td></tr>
<tr><td>장애인 직계비속의
장애인 배우자</td><td>X</td><td>O</td><td>X</td><td></td></tr>
<tr><td>형제자매</td><td>60세 이상
20세 이하</td><td>O</td><td>O</td><td></td></tr>
<tr><td>국민기초생활보장
법에 의한 수급자</td><td>X</td><td>O</td><td>O</td><td></td></tr>
<tr><td rowspan="4">추가공제</td><td>장애인</td><td colspan="3">기본공제대상자 중 장애인</td><td></td></tr>
<tr><td>경로우대</td><td colspan="3">기본공제대상자 중 70세 이상인 자</td><td>1954.12.31. 이전</td></tr>
<tr><td>부녀자</td><td colspan="3">배우자가 없는 여성 근로자로서 기본공제대상 부양가족이 있는 세대주 또는 배우자가 있는 여성 근로자(종합소득금액 3천만 원 이하)</td><td></td></tr>
<tr><td>한부모</td><td colspan="3">배우자가 없는 자로서 부양하는 자녀(20세 이하)가 있는 사람</td><td></td></tr>
<tr><td colspan="2">연금보험료 공제</td><td colspan="3">공적연금보험료의 근로자 본인
불입분만 공제 가능</td><td></td></tr>
</table>

신용카드 소득공제, 무조건 많이 쓰면 유리할까?

· 총급여 7,000만 원 초과 직장인이면 대중교통비, 전통시장 사용액만 추가공제 가능하며 추가 한도 200만 원이 적용된다.

이 문장은 O입니다. 총급여 7,000만 원 이하 직장인은 대중교통비, 전통시장, 그리고 도서공연비를 포함해 추가 한도 300만 원이 적용됩니다. 하지만 총급여 7,000만 원을 초과한 직장인은 대중교통비, 전통시장 사용액만 추가공제 가능하며 추가 한도 200만 원이 적용됩니다.

신용카드 등 소득공제는 직장인들이 가장 많이 활용하는 연말정산 공제항목입니다. 여기서 '등' 자에 주목해야 합니다. 신용카드뿐 아니라 체크카드, 직불카드, 현금영수증, 스타벅스카드 충전액 같은 선불전자 지급수단이 모두 포함되기 때문입니다.

먼저 신용카드 소득공제는 내 총급여의 25%를 초과해 사용한 금액에 대해서만 이뤄집니다. 예를 들어 총급여가 5천만 원이면 카드로 1년간 1,250만 원 넘게 써야 카드 공제를 받기 위한 조건을 충족하는 겁니다. 만약 1,350만 원을 썼으면 1,250만 원을 초과한 100만 원만 공제대상입니다.

연말정산에서 가장 헷갈리는 것이 바로 공제율과 공제 한도입니다. 각각의 항목마다 공제율이 다르고 공제 한도가 들쭉날쭉합니다. 이렇게 제각각인 이유는 급여 수준에 따라 다르게 적용하기 위해서입니다. 월급이 적은 직장인에게 더 많은 혜택을 주고, 월급이 많은 직장인은 공제를 적게 적용하도록 만든 것입니다.

쓴 돈을 전부 공제해주지 않습니다. 신용카드는 지출한 돈의 15%, 체크카드나 현금영수증 발행한 현금은 30%를 공제해줍니다. 그리고 신용카드를 쓰든 체크카드를 쓰든 상관없이 전통시장에서 쓴 돈과 대중교통 이용금액은 40%, 책 구입비, 신문 구독료, 공연이나 박물관 등 티켓값은 30%를 공제해줍니다.

다음 표를 참고합시다.

구분	공제율
신용카드	15%
현금영수증, 체크·직불카드	30%
도서·공연·미술관·박물관	30%
전통시장·대중교통	40%

카드를 많이 쓸수록 환급을 많이 받는다고 생각하기 쉬운데, 카드를 아무리 많이 써도 소득공제는 최대 600만 원(총급여 7천만 원 이하, 기본공제 300만 원 + 추가공제 300만 원)만 받을 수 있습니다. 우선 카드 소득공제 기본공제는 총급여가 7천만 원 이하면 300만 원, 7천만 원을 초과하면 250만 원이 최대치입니다. 여기에 전통시장에서 쓴 금액과 교통비, 도서 구매와 각종 문화 공연에 쓴 돈에 대해 최대 300만 원(7천만 원 초과 200만 원, 도서·공연비 제외)을 추가로 공제해줍니다. 다음 표를 참고합시다.

| 신용카드 등 사용금액 소득공제 한도

<table>
<tr><th colspan="2">공제 한도</th><th>총급여 7천만 원 이하</th><th>총급여 7천만 원 초과</th></tr>
<tr><td colspan="2">기본공제 한도</td><td>300만 원</td><td>250만 원</td></tr>
<tr><td rowspan="3">추가 공제 한도</td><td>전통시장</td><td rowspan="3">300만 원</td><td rowspan="2">200만 원</td></tr>
<tr><td>대중교통</td></tr>
<tr><td>도서·공연 등</td><td>–</td></tr>
</table>

참고로 2023년 7월부터 예매한 영화 티켓도 문화비 소득공제 대상입니다. 연봉 7,000만 원 이하 직장인은 모두 적용됩니다. (2023년 보다 신용카드 등 사용금액이 2024년에 5% 이상 늘어나면, 그 금액에 대해

10%의 공제를 더 적용하게 됩니다. 최대 100만 원의 소득공제를 더 받을 수 있습니다.)

또 2024년 세법개정안이 통과되면 2025년 7월 1일부터 수영장·헬스장 사용료도 문화비 소득공제 대상에 포함됩니다. 따라서 총급여 7,000만 원 이하 직장인이 수영장 이용료로 매월 10만 원을 결제하고 있다면 연간 결제금액 120만 원의 30%인 36만 원을 신용카드 소득공제로 받게 됩니다.

세알못 **총급여 4천만 원 직장인이 신용카드 소득공제 최대치인 600만 원을 받으려면 카드로 얼마를 써야 할까요?**

택스코디 만약 신용카드만 써서 카드 소득공제를 최대치인 600만 원까지 받으려면 최소 (전통시장 등 사용액에 공제율 40% 일괄 적용 시) 2,750만 원 (2,000만 원 ×15% + 750만 원 ×40%)에 내 총급여의 25%를 더한 금액을 카드로 써야 합니다.

따라서 총급여가 4천만 원이면, 카드로 3,750만 원을 써야 600만 원 소득공제를 받을 수 있습니다. 생각보다 큰 금액이죠? 신용카드 소득공제를 많이 받겠다고 카드를 많이 쓰는 건 현명한 방법이 아닐 수도 있습니다.

세알못 **그럼 연말정산에 유리한 카드 사용법은 어떻게 되나요?**

택스코디 신용카드는 각종 포인트·캐시백·할인 등 일상 혜택이 현금영수증과 체크카드보다 큽니다. 따라서 총급여의 25%에 해당하는 금액만큼을 신용카드로 쓰고, 나머지는 공제율이 높은 체크카드나 현금을 쓰면 좋습니다. 만약 지난해 총급여가 5천만 원이었다면, 1,250만 원만 신용카드로 쓰면 되겠죠. 그럼 매달 약 105만 원은 신용카드로 쓰고, 그 이후엔 체크카드를 쓰면 됩니다.

그리고 출 퇴근 교통비나 시장에서 장 보는 비용, 도서 구매 등 문화생활 비용은 신용카드를 쓰는 게 유리합니다. 그럼 신용카드 공제율 15% 대신 사용처 공제율인 30~40%가 적용되기 때문입니다.

세알못 **신용카드로 결제한 지출액은 신용카드 소득공제만 적용받을 수 있나요?**

택스코디 의료비나 취학 전 아동을 위해 지출한 학원비, 초·중·고등학생의 교복 구입비를 신용카드 등으로 지출하는 경우에는 의료비·교육비 세액공제와 신용카드 등 소득공제를 중복해 공제받을 수 있습니다.

세알못 **그럼 유치원, 어린이집에 내는 수업료, 입학금, 보육비용을 신용카드로 결제한 경우 소득공제가 되나요?**

택스코디 유아교육법, 초·중등교육법, 고등교육법 또는 특별법에 따른 학교와 영유아교육법에 따른 보육시설에 내는 수업료, 입학금, 보육비용 기타 공납금은 신용카드 등 사용금액에 대한 소득공제 대상에 해당하지 않습니다.

이 외에도 신용카드나 현금영수증을 허위로 끊는 경우, 공적 또는 사적인 보험료, 세금, 전기료 수도료, 전화료 (정보사용료 포함), 아파트 관리비, 텔레비전 시청료, 고속도로 통행료, 상품권 등 유가증권 구입비, 리스료, 차량 구입비 (단, 중고차 구입비는 공제 가능), 외국에서 사용한 금액, 현금서비스 사용금액 등은 소득공제를 적용받지 못합니다. 실무적으로 이런 비용들을 일일이 확인할 수 없고 대부분 신용카드 회사에서 보내준 확인서상의 금액을 신청하는 것이 일반적입니다.

세알못 **가족이 쓴 카드도 공제 가능한가요?**

택스코디 가족 중 배우자와 직계존비속이 쓴 것만 해당 (형제자매의 것은 제외)하는데, 나이 제한은 받지 않고, 연간환산 소득금액이 100만 원 이하여야 합니다. 예를 들어 배우자가 임대소득자로 소득금액 100만 원 초과라면 배우자가 사용한 것은 공제를 받을 수 없습니다. 그러나 60세 미만이고 소득이 없는 부모님이 사용하신 신용카드 사용액은 공제 가능합니다.

참고로 휴직 기간에 사용한 신용카드 공제는 소득공제를 받을 수 있지만, 입사 전이나 퇴사 후에 사용한 신용카드 금액은 공제대상이 아니라는 점도 주의해야 합니다.

1인 가구라면 청약저축 가입하고 소득공제 받자

· 총급여 7천만 원 이하 무주택 직장인이 12월 30일까지 세대원이었다가 12월 31일에 세대주가 되어도, 그해 주택마련저축에 납입한 금액 모두 공제받을 수 있다.

이 문장은 O입니다. 총급여 7천만 원 이하인 무주택 직장인이 본인 명의로 주택마련저축에 가입하는 경우에는 그 저축에 납입한 금액을 소득공제 대상으로 인정합니다. 이때 세대주 여부는 그해의 12월 31일 현재 상황에 따라 판단합니다. 따라서 12월 30일까지 세대원이었다가 12월 31일에 세대주가 되어도 그 해 납입한 금액 모두 공제받을 수 있습니다.

특히 우리나라는 주택에 민감해서 주거 문제 해결을 위해 지출하는 비용이 있다면, 그 지출을 통해 세금을 줄일 수 있도록 해주고 있습니다. 사업자든 근로자든 주택 문제는 다 중요하지만, 주택 관련 지출은 직장인에게만 세금 혜택을 부여하고 있습니다.

연말정산에는 부동산 관련 항목이 특히 많습니다. 부동산 관련 연말정산 항목은 크게 4가지 정도를 꼽을 수 있습니다. 주택마련저축 소득공제, 주택임차차입금 원리금 상환액 소득공제, 주택저당차입금 이자 상환액 소득공제, 월세 세액공제가 있습니다.

월세 세액공제를 제외한 다른 3가지 항목은 모두 소득공제입니다. 고소득자도 아니고 아이도 없는 사회초년생 1인 가구를 위한 팁도 있습니다. 청년이면 대부분 가입해 있을 주택청약통장 납입액도 공제대상입니다. 주택청약종합저축에 가입한 총 급여액 7,000만 원 이하인 직장인 무주택 세대주라면 올해 불입액 중 최대 300만 원(종전 240만 원) 한도의 40%인 120만 원까지 소득공제가 가능합니다. 가령 한 달에 10만 원씩 납부했다면, 다음과 같이 소득금액에서 48만 원을 공제하는 셈입니다.

- **청약저축 공제** (300만 원 한도): **저축액** × 40%
 = 120만 원 × 40% = 48만 원

해당 연도 내내 무주택인 세대의 세대주여야 하며 해당 연도의 총 급여액이 7천만 원 이하인 직장인이 주택을 구입하기 위한 자금을 마련하기 위해 본인 명의로 저축에 가입하는 경우에는 그 저축에 납입한 금액을 소득공제 대상으로 인정합니다. 세대주 여부는 그해의 12월 31일 현재 상황에 따라 판단합니다. 예를 들어 12월 30일까지 세대원이었다가 12월 31일에 세대주가 되면 그 해 납입한 금액 모두 공제받을 수 있습니다. 반대로 12월 30일까지 세대주였다가 12월 31일에 세대주가 아닌 경우에는 그 해 납입한 금액 전액을 공제받지 못합니다. 또한, 배우자는 함께 살고 있지 않고 주소가 다르더라도 같은 세대로 간주합니다. 따라서 부부 중 한 명만 세대주로 인정됩니다.

또 올해 한 해 동안 한 번도 주택을 보유한 적이 없어야만 혜택을 받을 수 있습니다. 이 기간 세대원 전원이 무주택이어야만 공제 가능합니다.

세알못 **그런데 가입할 때는 총급여액이 높지 않았는데, 그 후 연봉이 올라 총급여액이 7천만 원을 넘어가면요?**

택스코디 2017년 납입분까지는 이럴 때도 소득공제를 적용했지만, 2018년부터는 총급여액이 7천만 원을 넘으면 그해에는 공제를 받을 수 없게 됐습니다.

세알못 **해당 저축에 납입하다가 연도 중에 중도해지를 하면요?**

택스코디 중도해지를 하게 되면 해지하기 전까지 납입한 금액은 전액 소득공제를 받을 수 없습니다. 다만, 분양하는 주택에 당첨되어 어쩔 수 없이 해지하는 경우에는 해지 전까지 납입한 금액에 대해 공제가 인정됩니다.

참고로 주택청약종합저축에 가입한 무주택자가 주택마련저축에 대한 소득공제를 적용받기 위해서는 연말정산 간소화 서비스를 통해 주택마련저축 납입 증명서를 회사에 제출해야 합니다. 만약 연말정산 간소화 서비스에서 확인이 되지 않는다면 저축에 가입한 금융기관을 통해 무주택 세대주라는 것을 확인하는 무주택확인서를 발급받아야 합니다. 2024년 급여액에 대한 연말정산 시 소득공제를 적용받으려면 2025년 2월 말까지 무주택확인서를 발급받으면 됩니다.

전세자금을 대출받았다면, 주택임차차입금 소득공제 받자

· 주택 전세대출 원리금 상환에 따른 소득공제는 연봉 7천만 원 이하 근로자만 받을 수 있다.

이 문장은 X입니다. 앞장에서 살펴본 주택마련저축 소득공제는 연봉 제한이 있지만, 전세자금대출은 소득 제한은 없고, 임차한 주택의 면적 제한만 있습니다. 구체적으로 국민주택규모 이하(수도권 85㎡ 이하, 비수도권 100㎡ 이하의 주택, 주거용 오피스텔 포함) 주택을 임차하는 경우로 혜택을 제한합니다.

국민 절반은 주택을 소유하고 있지만, 나머지 절반은 남의 집에서 임대로 생활을 하고 있습니다. 그래서 정부에서는 내 집 마련과 주거비 절감을 위한 세제 혜택을 제공합니다. 직장인은 소득세를 낼 때 주거비의 일정액을 소득공제 또는 세액공제 하는 혜택을 받습니다.

세알못 **주택가격이 많이 오르면서 전세금도 함께 올라 부담이 큽니다. 결국, 대출을 받아서 전세를 구하려고 합니다. 전세대출도 소득공제를 받을 수 있나요?**

택스코디 전세를 구하기 위해 대출을 받는 경우, 그 대출금에 대해 이자와 원금상환액은 소득공제가 가능합니다.

세알못 **그럼 보증금과 월세가 함께 있는 반전세인 경우는 공제가 안 되나요?**

택스코디 전세든 반전세든 임차보증금을 마련하기 위해서 대출받는 때에는 소득공제를 받을 수 있습니다. 전세금을 빌리고, 그 차입금의 원리금을 상환할 때, 다음과 같이 연간 상환금액의 40%를 소득공제 합니다.

- 주택임차차입금 원리금 상환 공제: 원리금 상환액 × 40%(400만 원 한도)

원리금 상환액이기 때문에 이자 납부액뿐만 아니라 원금상환액으로 지출된 금액도 소득공제가 됩니다. 다만, 여기에도 공제 한도가 있는데, 연간 소득공제액이 400만 원을 초과하면 400만 원까지만 소득공제가 가능합니다.

전세자금대출 원리금 상환액 소득공제를 받기 위해서는 다음과 같은 서류를 제출해야 합니다.

① 주택자금상환 등 증명서
② 주민등록표등본
③ 거주자로부터 차입한 경우 임대차계약증서 사본, 금전소비대차계약서 사본, 계좌이체 영수증 및 무통장 입금내역 등 차입금에 대한 원리금 상환 내역을 확인할 수 있는 서류

원칙적으로 무주택세대 세대주인 직장인이 공제대상입니다. 따라서 세대주가 사업자라면 공제대상이 아닙니다. 또 세대주가 직장인이더라도 그 배우자 명의로 대출을 받았다면 세대주는 대출받은 당사자가 아니므로 공제를 받을 수 없습니다. 다만, 세대주가 소득공제를 받지 않았다면 세대원 중에 전세자금 대출을 받은 직장인이 공제를 받을 수 있습니다. 여기서 세대주 여부는 12월 31일 현재 상황에 따라 판단하고, 무주택 여부도 역시 12월 31일 현재 무주택 상태면 됩니다.

또 임차하려는 주택은 국민주택규모 이하 주택이어야 합니다. 그리고 주거용 오피스텔을 임차하면서 대출을 받은 때는 2013년 8월 13일 이후 최초로 원리금 상환액을 지급하는 분부터 소득공제를 받을 수 있습니다. 다음 표를 참고합시다.

| 전세자금대출 원리금 상환액 소득공제

주거 관련 공제제도	주택임차차입금 원리금 상환액 소득공제
공제대상자	12월 31일 기준 무주택 세대주로 근로소득이 있는 거주자가 국민주택 규모 이하의 주택을 임차해야 함.
공제금액	원리금 상환액의 40%만큼 근로소득금액에서 공제
한도	400만 원

세알못 **대출은 꼭 은행에서 받아야 하나요?**

택스코디 전세보증금을 빌리기 위해 대출을 받을 때, 꼭 은행과 같은 금융기관에서 받아야 하는 것은 아닙니다. 은행은 물론 주변 지인에게 전세자금을 빌려도 소득공제를 받을 수 있습니다. 다만, 주변 지인에게 빌릴 때 그 지인이 대부업을 하는 사람이면 안 됩니다. 그리고 2017년부터는 국가유공자를 지원하기 위한 국가보훈처로부터 전세자금 대출을 받는 경우도 소득공제 대상에 포함되었습니다.

금융기관 또는 개인에게 전세자금을 빌리는 두 경우의 소득공제 요건은 조금 다릅니다. 다음과 같습니다.

1. 대출(금융)기관으로부터 차입한 차입금의 경우

- 임대차계약증서의 입주일과 주민등록표 등본의 전입일 중 빠른 날부터 전후 3개월 이내에 차입한 자금일 것
- 차입금이 대출기관에서 임대인의 계좌로 직접 입금될 것

2. 대부업을 영위하지 않는 개인으로부터 차입한 차입금의 경우

- 해당 연도의 총급여액이 5천만 원 이하인 직장인
- 임대차계약증서의 입주일과 주민등록표 등본의 전입일 중 빠른 날부터 전후 1개월 이내에 차입한 자금일 것
- 연 2.1%(수시 변경)보다 낮은 이자율로 차입한 자금이 아닐 것

참고로 대출금은 대출기관에서 임대인인 집주인에게 직접 송금한 때에만 공제대상이 됩니다. 세입자인 직장인이 대출금을 받은 후 집주인에게 전달한 경우에는 공제를 받을 수 없으니 주의해야 합니다.

그리고 임대차계약을 연장하거나 갱신하면서 돈을 새로 빌리거나 추가로 빌리는 때는 임대차계약 연장일 또는 갱신일부터 전후 3개월 (개인에게 차입한 경우에는 1개월) 이내에 차입해야 합니다.

여기서 잠깐! 현재 전세자금대출을 이용하고 있으면서 청약저축에도 납입하고 있는 경우라면 소득공제 최대 금액은 연간 400만 원으로 제한되는 것을 주의해야 합니다. 가령 전세보증금 대출을 받고 원리금으로 연간 800만 원을 상환한 직장인이 청약저축에도 300만 원을 불입했다면, 합쳐서 1,100만 원의 40%인 440만 원을 공제받는 것이 아니라 한도인 400만 원만 공제를 받을 수 있다는 말입니다.

영끌해서 산 집, 장기주택저당차입금 이자 상환액 소득공제 놓치지 말자

· 장기 주택저당차입금 이자 상환액 소득공제는 직장인과 자영업자 모두를 대상으로 하는 소득공제 제도로, 1주택자만 대상이 된다.

이 문장은 X입니다. 계속 말하지만, 사업자든 근로자든 주택 문제는 모두에게 중요하지만, 주택 관련 지출에 대한 세금 혜택은 직장인에게만 부여합니다.

매달 이자 지급일은 왜 이렇게 빨리 오는 걸까요? 대출금리가 오르기라도 하면 가슴이 답답해집니다. 그런데 이 대출 이자가 세금을 조금이라도 줄여줄 수 있습니다. 바로 '장기주택저당차입금 이자 상환액 소득공제'입니다. 이 주택담보대출 소득공제는 앞장에서 말한 전세자금대출 원리금 상환액에 대한 소득공제와 중요한 차이점이 하나 있습니다. 전세자금대출 소득공제는 상환하는 원금 및 이자 전액이 공제대상이지만, 주택담보대출 소득공제는 원금상환액은 공제대상이 아니고 이자 납입액만 공제대상이 된다는 사실입니다.

세알못 **현재 무주택자인 직장인입니다. 강남에 있는 20억 원짜리 아파트를 구입하기 위해 담보대출을 받는다면, 주택담보대출 소득공제를 받을 수 있나요?**

택스코디 주택마련저축은 소득 제한이 있고, 전세자금대출은 국민주택규모 이하 주택을 임차하는 경우로 혜택을 제한합니다. 한마디로 주택자금공제는 서민이나 중산층이 주택 관련 비용을 지출하는 것에 대해 세제 혜택을 주는 것이라고 볼 수 있습니다. 그런 취지에 맞게 주택담보대출 소득공제는 취득 시 기준시가가 6억 원(종전에는 5억 원) 이하인 주택을 취득할 때 받는 담보대출에 대해서만 소득공제 혜택을 부여합니다. 과거에는 취득하는 주택의 면적 제한도 있었지만, 현재는 없어지고 기준시가 제한만 있습니다. 따라서 고가주택을 살 때 받는 담보대출은 다른 요건들을 모두 충족한다고 해도 공제대상에서 제외됩니다.

세알못 **주택담보대출 소득공제를 받기 위해서 대출 요건은 구체적으로 어떻게 되나요?**

택스코디 먼저 쉽게 정리하면, 내 명의로 주택을 사고 당연히 내 명의로 대출을 받아야 합니다.

그리고 집을 사서 등기이전을 하고 늦어도 3개월 이내에 대출을 받아야 합니다. 다시 말해 집을 살 때, 대출을 받아야만 집을 사기 위한 대출로 보고, 소득공제를 해 주겠다는 의미입니다.

세알못 **3년 전 아파트에 입주하면서 주택담보대출을 받았고, 이후부터 연말정산 할 때, 장기주택저당차입금 이자 상환액을 공제받고 있습니다. 그런데 올해 같은 주택을 담보로 추가로 5,000만 원을 대출받았습니다. 처음 대출 건과 이후 대출 건 모두 이자 상환액 소득공제를 받을 수 있나요?**

택스코디 다시 말하지만, 장기주택저당차입금은 주택소유권이전등기일 또는 보존등기일로부터 3개월 이내에 차입해야 소득공제를 받을 수 있습니다. 따라서 입주 시에 받은 기존 차입금에 대해서만 공제 가능합니다.

주택담보대출의 이자 상환액은 주택마련저축이나 전세자금대출처럼 대상 금액의 일부(40%)가 아닌 이자 상환액 전액을 공제대상으로 인정하지만, 한도가 있습니다. 그런데 그 한도가 상환 기간과 상환방식에 따라 한도가 달라서 복잡합니다. 다음 표를 보면 주택담보대출에 대한 소득공제는 대출 상환 기간이 최소 10년 이상이어야 적용받을 수 있다는 사실을 확인할 수 있습니다.

A: 고정금리 방식 (차입금의 70% 이상을 고정금리로 이자 지급)

B: 비거치식 분할상환방식 (차입금의 70% 이상을 차입한 다음 해부터 분할상환하는 방식)

상환 기간	상환방식	한도금액
15년 이상	A와 B 모두 만족하는 경우	2,000만 원
	A와 B 중 한 가지만 만족하는 경우	1,800만 원
	A와 B 모두 만족하지 않는 경우	800만 원
10년 이상 15년 미만	A와 B 중 한 가지 이상 만족하는 경우	600만 원

여기서 한도는 주택담보대출 이자 상환액의 한도가 아니라 주택마련저축 납입액과 전세자금대출 원리금 상환액 소득공제 금액까지 모두 합한 금액의 한도입니다.

예를 들어 상환 기간이 15년이고 고정금리에 비거치식 분할상환 방식의 대출을 받았다고 합시다. 이때 한도금액은 2,000만 원이 됩니다. 만약 주택마련저축과 전세자금대출 관련 소득공제액의 합계가 500만 원이라면 공제 한도 400만 원에 걸리므로 두 가지 소득공제액의 합계액은 400만 원이 되고, 이 경우에는 결국 주택담보대출로 인한 소득공제의 한도액은 1,600만 원이 됩니다. 다시 말해 총 한도액은 2,000만 원이지만 이미 앞의 두 공제항목으로 400만 원을 채웠으니 남은 한도는 1,600만 원인 것입니다.

세알못 **주택담보대출을 받아서 주택을 구입하고 소득공제 혜택을 받았는데, 실제 그 집에 살고 있지 않으면 어떻게 되나요?**

택스코디 세대주라면 소득공제가 적용되는 대출로 구입한 주택에 꼭 살아야 한다는 조건은 없습니다. 하지만 세대주가 아닌 세대원인 직장인이 소득공제를 받았다면 소득공제를 받은 그 세대원이 반드시 해당 주택에 실제 거주해야 소득공제가 적용됩니다.

만약 2주택 상태라면 일시적이어야 합니다. 기존에 살던 집을 팔고 새집을 사서 그곳으로 이사 가는 과정에서 잠시 2주택 상태를 인정해주는 것뿐입니다. 그러므로 연도 중에 잠시 2주택인 것은 봐주지만 12월 31일 현재는 반드시 1주택자여야 합니다. 다음 표를 참고합시다.

구분	세대주	비세대주 (세대 구성원)
1주택 소유	주택 거주 여부와 상관없이 공제한다.	본인이 실제 거주해야 한다.
2주택 이상 소유	과세기간 종료일 현재 2주택 이상 보유하고 있는 경우 이 공제를 적용하지 않는다.	

PART

III

이 정도만 알아도
절세 고수,
연말정산 세액공제

자녀세액공제,
대부분 사람이 정확하게 모른다

· 자녀세액공제를 받을 수 있는 자녀의 나이는 만 8세 이상부터 만 20세 이하이다.

이 문장은 O입니다. 만 8세 미만의 자녀는 아동수당이 지급되므로 자녀세액공제를 적용받지 못합니다. 따라서 기본공제대상자 중 자녀세액공제를 받을 수 있는 자녀의 나이는 만 8세 이상부터 만 20세 이하입니다.

자녀세액공제란 만 8세 이상부터 만 20세 이하의 자녀 (만 8세 미만은 아동수당이 지급되므로 자녀세액공제를 적용하지 않음)가 있을 때, 일정액을 세액에서 공제해주는 제도입니다. 구체적으로 자녀가 1명이면 15만 원, 자녀가 2명이면 35만 원의 세금을 돌려받을 수 있습니다. 만약 자녀가 3명 이상이면 셋째 자녀부터 1인당 30만 원을 세액공제 합니다. 자녀 3명이면 세액공제로 65만 원, 자녀 4명은 95만 원, 자녀 5명은 125만 원의 세액공제 혜택이 있습니다. 다음 표를 참고합시다.

자녀 수	세액공제액
1명	15만 원
2명	35만 원 = 15만 원 + 20만 원
3명	65만 원 = 15만 원 + 20만 원 + 30만 원
4명	95만 원 = 15만 원 + 20만 원 + 30만 원 + 30만 원
5명	125만 원 = 15만 원 + 20만 원 + 30만 원 + 30만 원 + 30만 원

참고로 2024년부터 할아버지 할머니와 사는 아이들도 자녀세액공제 대상에 포함돼, 조손가정도 세제 혜택을 받게 됐습니다. (2026년 연말정산부터는 자녀세액공제액이 상향될 예정입니다. 첫째 15만 원 → 25만 원, 둘째 20만 원 → 30만 원, 셋째 이후 30만 원 → 40만 원)

세알못 **3자녀(23세, 10세, 3세)가 있습니다. 자녀세액공제 금액은 어떻게 되나요?**

택스코디 10세 자녀 1명만 기본세액공제 15만 원을 적용받을 수 있습니다.

세알못 맞벌이 부부입니다. 만 8세 이상부터 만 20세 이하의 자녀가 3명인데, 부양가족공제는 누가 적용받는 게 유리한가요?

택스코디 만약 남편이 자녀 2명을, 아내가 자녀 1명을 기본공제 대상으로 올렸다면 남편은 자녀세액공제액이 35만 원, 아내는 15만 원입니다. 그런데 한쪽으로 몰았다면, 세액공제액은 65만 원이 되기 때문입니다. 따라서 세알못 씨처럼 자녀가 3명이라면 부부 중 한쪽으로 몰아주는 게 유리합니다.

자녀를 출산하나 입양한 때에도 세액공제가 있습니다. 첫째는 30만 원, 둘째는 50만 원, 셋째 이상은 70만 원의 세액공제를 적용합니다. 다음 표를 참고합시다.

구분	출산·입양 세액공제액
첫째	30만 원
둘째	50만 원
셋째	70만 원
넷째	70만 원
다섯째	70만 원

세알못 2자녀 (10세, 4세)가 있고, 2024년에 쌍둥이로 셋째와 넷째를 출산했습니다. 세액공제 금액은 어떻게 되나요?

택스코디 총금액은 155만 원입니다. 구체적 내용은 다음과 같습니다.

① 기본공제: 10세 자녀 1명 15만 원

② 출산·입양 공제: 셋째 70만 원 + 넷째 70만 원 = 140만 원

자녀세액공제 = 기본공제 + 출산 입양 공제

= 15만 원 + 140만 원 = 155만 원

의료비 세액공제, 급여가 적은 배우자가 받아야 하는 이유는?

· 모든 직장인은 산후조리원비를 의료비 세액공제로 적용받을 수 있다.

이 문장은 O입니다. 종전에는 총급여 7,000만 원 이하인 직장인만 산후조리원비(출산 1회당 200만 원 한도)를 의료비 세액공제로 적용받을 수 있었으나, 2024년부터 소득에 상관없이 모든 직장인으로 확대됐습니다.

직장인이 지출한 의료비가 있다면 일정한 금액을 세액공제 받을 수 있습니다. 해당 의료비가 어떤 지출인가, 누구를 위한 지출인가에 따라 공제액은 달라집니다.

직장인이 본인과 기본공제대상자인 가족을 위해 지출한 의료비가 있으면 해당 의료비에 대해 세액공제 혜택이 주어집니다. 본인뿐 아니라 기본공제대상자인 가족의 의료비도 공제대상이 되는데, 여기서 기본공제대상자를 판정할 때는 원칙적인 요건과 달리 나이와 소득을 따지지 않습니다. 예를 들어 20세가 넘는 대학생 자녀는 연령요건을 충족하지 않기 때문에 1인당 150만 원의 소득공제가 적용되는 기본공제대상자는 될 수 없습니다. 하지만 가족에 대한 의료비 세액공제 여부는 나이나 소득은 따지지 않기 때문에 그 자녀를 위해 지출한 의료비는 세액공제가 가능합니다.

세알못 **그럼 맞벌이 부부의 경우, 남편이 부인을 위해 지출한 의료비도 가능한가요?**

택스코디 다시 말하지만, 맞벌이 부부의 부인은 소득요건을 충족하지 못하기 때문에 기본공제는 적용받지 못합니다. 하지만 부인을 위한 의료비 지출액은 소득과 상관없으므로 의료비 세액공제는 적용 가능합니다. 참고로 의료비 세액공제는 총급여의 3%를 초과하는 의료비 지출액부터 세액공제가 적용되므로 맞벌이 부부라면 연봉이 적은 배우자 쪽으로 몰아가는 게 유리합니다.

세알못 **동생 부부와 함께 살고 있습니다. 동생의 부인을 위해 지출한 의료비도 세액공제가 가능한가요?**

택스코디 나이와 소득을 따지지 않는다는 것이 어떤 가족을 위한 의료비든지 지출만 하면 모두 공제대상이 된다는 말이 아닙니다. 다른 요건은 모두 따지는데, 나이와 소득요건만 따지지 않는다는 말입니다.

동생의 배우자는 공제대상 부양가족 범위 자체에 들어있지 않습니다. 따라서 이런 경우에는 나이, 소득을 따지기 전에 애초에 공제대상자가 될 수 없는 사람이므로 의료비 세액공제도 당연히 적용될 수 없습니다.

의료비 세액공제는 총급여의 3%를 초과하는 의료비 지출액만 세액공제를 받을 수 있습니다. 예를 들어 총급여가 5,000만 원인 근로자는 지난 1년 동안 총급여의 3%인 150만 원을 넘는 의료비를 지출한 때만 의료비 공제대상이 됩니다. 만약 그보다 적은 금액을 지출했다면 번거롭게 의료비 지출영수증을 수집하지 않아도 되며, 연말정산 신고서에 의료비 내역을 채우느라 수고를 하지 않아도 됩니다.

세알못 **총급여 5천만 원 직장인입니다. 의료비 세액공제 대상 금액은 얼마인가요? (본인 의료비: 300만 원, 부양가족 의료비: 900만 원)**

택스코디 의료비 세액공제액은 150만 원입니다.

다음과 같습니다.

1. 부양가족 의료비의 세액공제 대상 금액 계산식을 먼저 보면, 해당 가족을 위한 의료비 지출액에서 총급여액의 3%에 해당하는 금액을 차감해 공제대상 금액을 계산합니다. (이때 700만 원을 넘는 경우, 700만 원까지만 공제대상 금액으로 인정받을 수 있습니다.)

2. 본인 의료비는 한도액이 없습니다. 지출한 금액에 상관없이 무제한 공제대상 금액으로 인정하겠다는 의미입니다. (난임 치료비 역시 지출액 전액이 한도 없이 세액공제 대상 금액이 됩니다.)

본인 의료비: 300만 원, 부양가족 의료비: 900만 원	
1. 부양가족 의료비: 700만 원	부양가족 의료비 900만 원 - 150만 원(총급여 5,000만 원 × 3%) = 750만 원 (700만 원 한도)
2. 본인 의료비: 300만 원	본인 의료비는 한도 미적용
공제대상 금액 = 부양가족 의료비 + 본인 의료비 = 700만 원 + 300만 원 = 1,000만 원	

여기에 다음과 같이 세액공제율을 곱해서 세액공제액을 계산합니다.

- **의료비 세액공제액 = 공제대상 금액 × 15%**
  = 1,000만 원 × 15% = 150만 원

의료비 세액공제율은 본래 15%인데, 난임 치료비의 경우 출산 지원을 위해 특별히 2017년부터 20%의 세액공제율을 적용합니다.

그리고 가족 중에 안경이나 렌즈를 사용하는 사람 한 명쯤은 쉽게 찾을 수 있습니다. 시력교정용 안경 및 콘텍트렌즈 비용은 부양가족 1명당 50만 원 한도에서 의료비 세액공제가 됩니다. 따라서 가족 4명이 안경을 쓰면 최대 200만 원까지 의료비 세액공제를 받을 수 있습니다. 만약 카드로 구입했거나 현금영수증을 발급받았다면 신용카드 소득공제와 의료비 세액공제를 중복해서 적용받을 수 있습니다.

세알못 **의료비 100만 원이 나왔는데, 어머님이 계약한 보험에서 실손의료비 80만 원을 환급받았습니다. 이 경우 의료비 공제대상 금액이 100만 원인지, 20만 원인지 궁금합니다.**

택스코디 실손보험금 수령은 해당 의료비에서 차감하는 것으로 의료비 100만 원에 대한 실손보험금을 수령한 경우라면 80만 원을 차감해야 합니다. 따라서 의료비 공제대상 금액은 20만 원입니다.

여기서 잠깐! 병원에 낸 돈이라고 모두 세액공제 혜택을 받을 수 있지 않습니다. 예뻐지기 위해 쌍꺼풀 수술을 하거나 코를 세우는 수술을 한 것까지 세금 혜택을 주지 않습니다. 다음 표를 참고합시다.

세액공제 가능 의료비
• 진찰·치료·질병 예방을 위하여 의료기관에 지급한 비용 • 치료·요양을 위하여 의약품(한약품 포함)을 구입하고 지급하는 비용 • 장애인 보장구 및 의사 치과의사 한의사 등의 처방에 따라 의료기기를 직접 구입하거나 임차하기 위해 지출한 비용 • 시력보정용 안경 또는 콘텍트렌즈를 구입하기 위하여 지출한 비용으로서 기본공제대상자 1명당 연 50만 원 이내의 금액

- 보청기를 구입하기 위하여 지출한 비용
- 노인장기요양보험법에 따라 실제 지출한 본인 일부 부담금
- LASIK(레이저각막절삭술) 수술비용, 질병 예방을 위한 근시 교정수술비, 의안
- 임신 중 초음파, 양수검사비, 출산 관련 분만 비용, 불임으로 인한 인공수정 시술 검사료 및 시술비(체내 체외 인공수정 포함)
- 스케일링 비용
- 건강진단 비용
- 질병을 원인으로 절제한 유방의 재건비용
- 산후조리원 비용(출산 1회당 200만 원 한도)

세액공제 불가능 의료비

- 의료법에서 규정하는 의료기관에 해당하지 않는 외국의 의료기관에 지출하는 의료비
- 실제로 부양하지 않는 직계존속이나 생계를 같이하지 않는 형제자매의 의료비
- 건강기능식품을 구입하고 지급하는 비용
- 근로자가 보험회사로부터 수령한 보험금으로 지급하거나 사내근로복지기금으로부터 지급받은 의료비
- 국민건강보험공단으로부터 지원받는 출산 전 진료비 지원금으로 지급한 의료비
- 국민건강보험공단으로부터 본인부담금 상한제 사후환급금을 받는 경우 그 해당 의료비
- 미용 성형수술을 위한 의료비 및 치료목적이 아닌 단순 건강증진을 위한 의약품구입비용(보약 등)
- 진단서 발급비용

세알못 **총급여 5,000만 원인 직장인입니다. 다른 의료비는 없고, 산후조리원 비용만 400만 원을 지출했습니다. 세액공제 금액은 얼마인가요?**

택스코디 먼저 공제대상 금액부터 계산해봅시다. 산후조리원 비용은 200만 원까지만 비용을 인정합니다. 다음과 같습니다.

- 공제대상 금액 = 산후조리원 비용 (한도 적용) - (총급여 × 3%)
  = 200만 원 - (5,000만 원 × 3%) = 50만 원

- 의료비 세액공제액 = 공제대상 금액 ×15%
  = 50만 원 × 15% = 75,000원

이런 상황이라면 연말정산 공제 혜택은 최대로 챙기면서, 산후조리원 비용은 최소화할 수 있는 팁 하나를 소개하겠습니다.

200만 원까지는 카드로 결제하고, 그 이상 금액은 첫 만남 이용권 바우처로 결제하는 것입니다. 의료비 세액공제는 현금영수증, 신용카드 소득공제와 함께 이중으로 공제를 받을 수 있기 때문입니다. 첫 만남 이용권 바우처로 결제한 금액은 의료비 세액공제를 받을 수 없으나, 어차피 200만 원 한도를 초과한 금액이므로 상관없습니다.

서른 살 대학생 자녀 교육비도 세액공제가 가능하다

· 서른 살 대학생 자녀 교육비도 세액공제 가능하다.

이 문장은 O입니다. 자녀가 재수, 삼수하거나 뒤늦게 대학에 진학했다더라도 자녀 나이와 무관하게 교육비 세액공제가 가능합니다. 자녀의 나이가 30세라도, 소득이 없고 생계를 같이 한다면 교육비 세액공제를 받을 수 있습니다.

교육비 세액공제는 직장인 본인 혹은 장애인 특수교육비는 전액 세액공제 가능하며, 취학 전 아동과 초 중 고등학생은 1명당 연 300만 원 한도로 15%의 교육비 세액공제를 받을 수 있습니다. 자녀 한 명당 최대 45만 원 (300만 원 × 15%)의 세금을 연말정산에서 돌려받게 되는 셈입니다.

자녀가 어린이집이나 유치원에 다니고 있다면 부모가 실제로 부담한 수업료 외에 급식비, 특별활동비, 방과 후 수업료에 대해 교육비 세액공제가 가능합니다. 가령 매월 30만 원씩 360만 원을 유치원에 수업료로 냈다면 연말정산에서 한도 300만 원까지만 적용해서 45만 원의 교육비 세액공제가 가능합니다.

어린이집에서 국세청 연말정산 간소화 서비스에 보육료 내역을 등록하면 자동으로 공제되지만, 그렇지 않으면 직접 어린이집에 '보육료 납입 증명서'를 신청해서 발급받은 후 연말정산 때 첨부서류로 제출해야 합니다.

세알못 **학원비도 교육비 세액공제가 가능한가요?**

택스코디 초등학교 입학 전까지 납부한 학원비는 교육비 세액공제가 가능합니다. 취학 전에 다니는 태권도장, 미술학원, 축구아카데미, 피아노교습소, 영어학원 등의 학원비도 세액공제가 가능합니다. 연말정산 시 학원에서 아이의 이름이 적혀있는 교육비 납입 증명서를 발급받아 증빙으로 제출하면 됩니다.

그리고 영어유치원에 보내고 있어도 마찬가지로 교육비 세액공제가 가능합니다. 학원으로 등록되어 있으므로 교육비 납입

증명서를 제출하면 교육비 공제를 받을 수 있습니다.

하지만, 자녀가 초등학교에 입학하는 순간부터 학원비는 세액공제가 불가능합니다. 원칙적으로 교육비 세액공제는 '공교육'만 인정해주고 있기 때문입니다. 다만, 초등학교 입학 직전까지 지출한 학원비는 취학 전 아동의 교육비로 적용해서 공제 가능합니다. 올해 3월에 초등학교에 입학하는 자녀라면 입학연도 1~2월까지의 취학 전 지출 학원비에 대해 공제를 신청할 수 있습니다. 올해 1월과 2월에 지출한 학원비에 대한 납입 증명서를 미리 받아두었다가 내년 초 연말정산에서 증빙서류로 제출하면 납입 금액의 15%의 세액공제를 받을 수 있습니다.

여기서 잠깐! 취학 후 학원비에 대한 교육비 세액공제는 안 되지만, 신용카드나 현금 사용액 소득공제는 가능합니다. 그러므로 학원비를 낼 때 계좌이체를 하고 현금영수증 발급받거나, 신용카드로 결제하면 소득공제가 가능하다는 것을 꼭 기억합시다.

초·중·고등학생 자녀 역시 1인당 연 300만 원까지 지출한 교육비에 대해 15% 세액공제를 받을 수 있습니다. 구체적으로 급식비, 교과서대금 등 교재비, 방과후학교 수업료, 체험학습비(연 30만 원) 등을 교육비로 세액공제가 가능합니다. 요즘 초등학교 대부분 무상급식이기 때문에 급식비를 공제받을 일은 잘 없지만, 우유 급식은 일부 지역에서는 유상으로 제공되기 때문에 우유 급식비를 따로 내는 때에는 연말정산 때 챙겨야 합니다.

그리고 교재비란 학교 수업 때 사용하는 교재를 의미하는데, 교과서는 무상으로 지급하기 때문에 따로 돈 들어갈 일이 없어서 공제받을 일은 없지만, 방과후학교 수업 때 사용하는 도서는 교재비에 포함돼 세액공제가 가능합니다. 이때는 '방과후학교 수업용 도서 구입 증명서'를 학교에 요청해 연말정산 때 별도로 제출해야 합니다.

그리고 자녀가 새 학교에 입학한다면 교복을 준비해야 합니다. 동복 하복 체육복을 모두 사게 되면 대략 40만 원가량 듭니다. 셔츠나 생활복 등 여벌까지 사면 50만 원이 훌쩍 넘기도 합니다. 만약 부모 둘 중 한 사람이라도 직장인이라면, 교복 구매 부담을 조금 줄일 수 있습니다. 교복 구입비도 교육비 공제항목에 해당해 연말정산에서 세액공제가 가능하기 때문입니다. 교복 구입비는 자녀 1인당 연간 50만 원까지 공제 가능합니다. 다시 말해 중학교 입학을 앞둔 아이의 교복 구입비로 50만 원을 지출했다면 15%인 7만 5,000원을 연말정산에서 환급받을 수 있다는 말입니다. 학교에서 공동구매로 교복을 구매하거나, 교복 전문점에서 신용카드나 현금영수증으로 거래했다면 연말정산 간소화 서비스에 자동으로 등록돼 자료를 확인할 수 있습니다. 혹시 확인이 안 된다면 영수증을 챙겨서 제출해야 합니다.

그리고 중고생 자녀가 수학여행 등 현장체험학습에 쓰인 비용도 연 30만 원 한도로 교육비 세액공제가 가능합니다.

참고로 2023년부터는 대입 전형료, 수능 응시료도 교육비 세액공제가 가능합니다. 이는 횟수 제한 없이 공제를 받을 수 있습니다. 예를 들어 자녀가 원하는 대학에 진학하고자 삼수를 했다면 수능 응시료와 대학입학전형료를 3년 동안 공제받을 수 있습니다.

세알못 **중학생 자녀를 해외로 유학 보냈는데, 교육비 세액공제가 가능한가요?**

택스코디 중고생 자녀를 해외로 유학 보냈다면 연간 300만 원까지 입학금과 수업료 등이 세액공제가 됩니다. 하지만 유학을 위해 구매한 비행기 표는 교육비 공제대상이 아닙니다.

단, 국내에서 근무 중인 직장인이 중학생 자녀를 유학 보냈다면, 일정 조건을 갖춰야 국외교육비 공제가 가능합니다. 자녀가 자비 유학 자격이 있는 학생이어야 하고, 부양 의무자가 국외에서 동거한 기간이 1년 이상이어야 국외 교육비 공제를 받을 수 있습니다. 이때 중학생 자녀의 자비 유학 자격은 교육장이 발급하는 국외 유학 인정서로 입증하면 되고, 자녀와 1년 이상 국외에서 동거했다는 사실을 입증하려면 재외국민등록부등본 등을 제출하면 됩니다.

세알못 **자녀가 만 20세 이상이 되면 기본공제대상자에 해당하지 않는데, 이럴 때 교육비 세액공제는 어떻게 되나요?**

택스코디 기본적으로 연말정산은 부양가족에 대해 지출한 의료비나 보험비, 교육비 등에 대해 공제가 가능합니다. 자녀가 만 20세가 넘은 대학생이라면 기본공제대상자에 해당하지 않아 부양가족공제는 받을 수 없지만, 대학등록금 등 교육비는 자녀 나이에 상관없이 자녀가 대학생이라면 공제 가능합니다. 다시 말해 직계비속(자녀)에 대한 기본공제는 만 20세 이하까지 공제

가능하며, 대학생 자녀에 대한 교육비 공제는 만 20세 이상이라도 공제 가능하다는 뜻입니다. 공제 한도는 대학생 자녀 1인당 연간 900만 원 한도이며 공제율은 지출한 교육비의 15%입니다. 만약 대학등록금으로 연간 1,000만 원을 지출했다면 900만 원에 대한 15%인 135만 원을 세액공제 받을 수 있습니다. 참고로 대학원 등록금은 공제대상이 아닙니다. 대학원생은 본인 외에는 공제대상에 해당하지 않습니다.

여기서 잠깐! 대학생 자녀가 늘어난 학비 부담에 조금이라도 보태겠다며 아르바이트를 한다면 절세 전략은 모두 사라집니다. 자녀가 근로소득으로 총급여 500만 원 이상을 벌었거나, 사업을 비롯한 연간환산 소득금액이 100만 원을 넘었다면 자녀의 대학등록금은 공제를 받을 수 없으니 주의해야 합니다. 자녀가 아르바이트하는 것이 더 유리한지, 세액공제를 받는 것이 더 유리한 지는 따져 봐야 합니다. 연간 최대 받을 수 있는 세액공제액은 135만 원 (900만 원×15%)이기 때문에 자녀가 아르바이트로 연 635만 원 이상을 버는 것이 아니라면 연 500만 원 이내로만 근로소득을 버는 것이 절세 전략이 될 수 있습니다.

세알못 **맞벌이 가구입니다. 교육비 세액공제 적용 시 주의해야 할 점은 무엇인가요?**

택스코디 만약 남편이 자녀에 대한 기본공제를 받았다면 아내는 자녀에 대한 교육비 세액공제를 받을 수 없습니다. 자녀에 대해 기본공제를 받는 직장인이 교육비 공제도 받을 수 있기 때문입니다. 또 기본공제 대상자가 아닌 배우자를 위해 지출한 교육비도 세액공제를 받을 수 없습니다.

그리고 주민등록상 동거하고 있지 않은 형제자매의 교육비를 낸 경우에도 세액공제를 받을 수 없습니다.

한편 교육비를 근로자 본인이 직접 부담하지 않고 지방자치단체로부터 수업료, 교복 구입비, 체험학습비 등을 지원받은 경우에도 연말정산 간소화 서비스에서 조회되더라도 교육비 공제대상에 해당하지 않습니다.

마지막으로 자녀가 학자금대출을 받아 교육비를 납입한 경우에도 부모가 교육비 세액공제를 받을 수 없습니다. 학자금 대출금을 부모가 대신 상환하더라도 부모가 공제받을 수 없고, 자녀가 취업해 본인의 학자금을 상환할 때 본인이 세액공제를 받을 수 있습니다.

보장성 보험료 세액공제, 직장인만 받을 수 있다

· 보장성 보험료 세액공제는 직장인만 받을 수 있다.

이 문장은 O입니다. 직장인이 보험에 가입하면 세액공제를 통해 소득세를 줄일 수 있습니다. 보장성 보험료 세액공제는 사업자는 적용받을 수 없고 직장인만 적용 가능합니다.

세알못 직장인이 보험에 가입하면 세금이 얼마나 절세되나요?

택스코디 직장인이 보장성 보험에 가입하면 세액공제를 통한 소득세 절세와 저축성보험의 보험차익에 대한 비과세를 적용받을 수 있습니다. 다음과 같습니다.

• 보장성 보험료 세액공제

자동차보험이나 생명보험 등의 보장성 보험료는 100만 원 (실손보험금 수령액 제외함)까지 세액공제가 가능합니다. 보장성 보험료 세액공제는 직장인만 세액공제가 가능합니다. 납입금액의 12%까지 세액공제가 가능합니다. 예를 들어 보장성 보험에 매달 10만 원을 납입하면 연간 납입 금액은 120만 원입니다. 이 중 보장성 보험 세액공제 한도에 해당하는 100만 원의 12%를 곱한 금액인 12만 원(100만 원 12%)을 세액공제 받을 수 있습니다. 군인 교원 경찰 수협 등 공제회의 공제에 대해서도 똑같이 보험료 세액공제를 적용합니다.

그리고 장애인 전용 보장성보험의 경우 추가로 100만 원 한도로 15% 세액공제가 가능합니다. 다음 표를 참고합시다.

| 보장성 보험료 세액공제

세액공제 대상 보험료	공제 한도	공제율	공제요건
보장성 보험료	연 100만 원	12%	만기에 환급되는 금액이 납입보험료를 초과하지 않는 보험의 보험계약
장애인 보험료	연 100만 원	15%	보험계약 또는 보험료 납입 영수증 등에 '장애인 전용 보험'으로 표시된 보험

• 저축성보험 보험차익 비과세

저축성보험의 보험차익은 소득세법상 이자에 해당하고 이자소득에는 기본 14%의 소득세가 부과됩니다. 하지만 저축성보험을 10년 이상 유지하면 해당 보험에서 발생한 보험차익은 비과세됩니다. 각종 보험에 가입 후 질병 사고 등으로 보험금을 수령하면서 보험차익이 발생하면 이에 대해 소득세가 부과되지 않습니다.

참고로 저축성보험 보장성보험의 비과세는 소득세법상 개인에게만 적용되는 것으로 법인의 저축성 보장성보험의 보험차익에는 법인세가 부과됩니다.

세알못 **맞벌이 직장인 부부입니다. 얼마 전 계약자는 남편이고, 피보험자는 본인으로 하여 보장성보험에 가입했습니다. 이럴 때 연말정산 시 남편이 납부한 보험료를 세액공제 받을 수 있나요?**

택스코디 직장인이 납부한 보장성 보험료를 세액공제 받기 위해서는 근로자 본인 또는 기본공제대상자를 피보험자로 해야 합니다. 다시 말하지만, 기본공제대상자가 되기 위해선 연간 소득금액이 100만 원 이하여야 합니다. 따라서 소득이 있는 배우자는 공제대상이 아니므로 질문과 같이 남편이 아내를 피보험자로 하여 보장성보험에 가입하면 남편의 연말정산 시 보장성 보험료 세액공제를 적용받을 수 없습니다. 즉, 맞벌이 근로소득이 있는 직장인 부부 상호 간은 공제대상이 아닙니다.

만약 자녀를 피보험자로 하는 보장성보험에 가입했다면, 자녀를 기본공제대상자로 공제받는 쪽에서 보험을 계약하고 보험료를 불입해야 공제 가능합니다.

참고로 피보험자는 주피보험자와 종피보험자 모두 포함해 판단합니다. 따라서 계약자(남편), 주피보험자(아내), 종피보험자(남편)일 때에는 남편이 세액공제가 가능합니다.

참고로 월급 명세서에 찍히는 '4대보험'이라고 부르는 '공적보험' 지출액에 대해선 세액공제가 아닌 소득공제가 적용됩니다.

구체적으로 살펴보면 국민연금, 공무원연금, 군인연금, 사립학교교직원연금(사학연금) 등 모든 공적연금의 본인 기여금이나 부담금은 전액 소득공제 받을 수 있습니다. 또 국민건강보험, 노인장기요양보험, 고용보험 등의 근로자 부담금액 역시 전액 소득공제 대상입니다. 현재 이런 공적보험들은 근로자와 회사가 반반씩 부담하고 있는데, 근로자 부담분만 공제대상이고 회사가 부담하는 부분은 근로소득에 포함되지도 않고 소득공제가 되지도 않습니다.

월세액 세액공제, 기준시가 4억 원을 넘지 않으면 대상이 된다

· 국민주택규모(85㎡)보다 큰 집이라도 기준시가가 4억 원을 넘지 않으면 월세액 세액공제 대상이 된다.

이 문장은 O입니다. 국민주택규모(85㎡)보다 큰 집이라도 기준시가가 4억 원을 넘지 않으면 월세액 세액공제 적용을 받을 수 있습니다.

많은 직장인이 월세와 전세에 거주하면서 적지 않은 주거비용을 지출하는데, 이를 조금이라도 줄이는 방법은 공제제도를 잘 활용하는 것입니다. 특히 월세는 그 부담이 상당하므로 세액공제를 잘 받아야 합니다. 하지만 연봉 10억 원인 사장님이 월세 1천만 원짜리 펜트하우스를 임차해 거주하는 경우까지 세액공제 혜택을 줄 필요까지는 없으므로 월세액 세액공제를 적용받을 수 있는 직장인을 제한하고 있습니다.

세알못 **그럼 월세액 세액공제를 받기 위해서는 어떤 요건을 갖춰야 하나요?**

택스코디 총급여액이 8천만 원 이하인 직장인이면서 다음 두 가지 중 하나에 해당하는 사람이 공제대상자가 됩니다. (총급여액이 8천만 원이 안 되더라도 다른 소득이 추가로 있어 종합소득금액이 7천만 원을 넘으면 공제대상에서 제외됩니다.)

1. 연도 말 현재 주택을 소유하지 않은 세대의 세대주
2. 세대주가 주택마련저축, 주택임차차입금 원리금 상환액 및 장기주택저당차입금 이자 상환액 공제를 받지 않을 때, 그 세대의 세대원

조건을 갖춘 세입자인 직장인이 1년 동안 매월 지급한 월세액은 그 연간 월세액의 15%(17%)를 세액공제 합니다. 구체적으로 총급여액이 5,500만 원 이하인 직장인에게는 세액공제율은 17%, 5,500만 원 초과 8,000만 원 이하이면 15%입니다.

예를 들어 월세 50만 원을 내고 사는 직장인은 1년간 총 600만 원의 월세를 지출합니다. 이 직장인 총급여가 5,500만 원 이하라면 두 달 치 월세인 100만 원보다 더 큰 102만 원(600만 원 × 17%)을 세액공제 받을 수 있습니다. 단, 최대 1,000만 원까지 세액공제를 받을 수 있습니다.

참고로 2024년부터 소득 기준과 한도가 상향되었습니다. 다음 표를 참고합시다.

| 월세액 세액공제 소득 기준 한도 상향

구분	종전	개정
대상	총급여 7천만 원 (종합소득금액 6천만 원) 이하, 무주택 근로자 및 성실 사업자 등	총급여 8천만 원 (종합소득금액 7천만 원) 이하, 무주택 근로자 및 성실 사업자 등
공제율	월세액의 15% (17%)	월세액의 15% (17%)
공제 한도	750만 원	1,000만 원

월세액 세액공제를 받기 위해서는 월세 사는 집에 대한 요건도 갖추어야 합니다. 다음과 같습니다.

1. 국민주택규모 이하 또는 기준시가 4억 원 이하인 주택 또는 주거용 오피스텔, 고시원 포함
2. 임대차계약증서의 주소지와 주민등록표 등본의 주소지가 동일

종전에는 월세 세액공제를 받기 위해서는 반드시 직장인 본인이 월세 계약자여야 했습니다. 그러나 2017년부터는 직장인의 기본공제

대상자(배우자 등) 이름으로 월세 계약을 한 경우에도 근로자가 월세 세액공제를 신청할 수 있습니다. 물론 배우자 등이 소득이 있다면 불가능합니다. 소득이 있다면 기본공제대상자가 될 수도 없기 때문입니다.

만약 총급여가 8천만 원을 초과해 월세 세액공제를 받을 수 없는 직장인이라면 월세 지급액도 현금영수증 소득공제 대상이므로 현금영수증 소득공제 혜택을 챙기도록 합시다. (참고로 월세 세액공제와 현금영수증 소득공제 중 하나만 받을 수 있습니다.)

세알못 **그럼 월세를 내면서 현금영수증을 어떻게 받나요?**

택스코디 월세에 대한 현금영수증은 납세자가 임대인에게 신청하는 것이 아니라 국세청 홈택스에 접속해 신청할 수 있습니다. 홈택스에 공인인증서로 로그인 후 '상담·불복·고충·제보·기타 → 주택임차료(월세) 현금영수증 발급 신청'으로 들어가면 월세에 대한 현금영수증을 신청하고 발급받을 수 있습니다.

여기서 임대인의 주민등록번호와 이름, 임대주택의 주소와 월세 지급일, 계약 기간, 월세 금액 등을 입력하고 임대차계약서를 스캔해 등록하면 신청이 완료됩니다. 이렇게 홈택스에서 현금영수증 발급이 가능합니다. 이때 임대인의 동의는 필요하지 않습니다.

세알못 **전월세로 거주하다가 올해 주택을 마련한 경우, 기존 전세금 이자 상환액 또는 월세액을 공제받을 수 있나요?**

택스코디 주택임차차입금 원리금 상환액 소득공제와 월세액 세액공제는 12월 31일 기준 무주택 세대주에 한해 공제받을 수 있으므로, 올해 주택을 취득한 직장인은 공제를 받을 수 없습니다.

연금계좌 세액공제, 최대 900만 원으로 높아졌다

· 2023년부터는 연금계좌 세액공제 납입 한도가 상향되어 최대 900만 원으로 높아졌다.

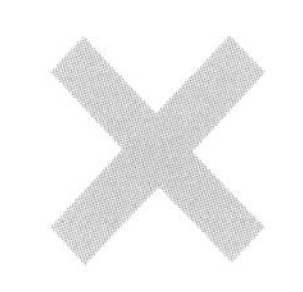

이 문장은 O입니다. 2023년부터 연금계좌 세액공제 납입 한도가 상향되어 종전 700만 원에서 900만 원으로 높아졌습니다. 초저금리 시대인 요즘에 연금저축 및 IRP 납입액에 대한 세액공제는 꼭 활용해야 할 연말정산 절세법입니다.

직장인이라면 누구나 회사를 통해 적립하는 퇴직연금이 있습니다. 개인형 퇴직연금(IRP)은 거기에 추가로 가입할 수 있는 퇴직연금 계좌입니다. 회사와 반반씩 부담하는 기존 퇴직연금과 달리 개인형 퇴직연금(IRP)은 본인 돈으로만 붓는 퇴직연금입니다. 퇴사나 이직한 적 있다면 가입돼 있을 것입니다. 여기에 적금 붓듯이 돈을 넣으면 1년에 최대 900만 원을 16.5%(지방소득세 포함)만큼 세액공제 해줍니다.

직장인 총급여가 5,500만 원을 넘으면 공제율이 13.2%로 낮아집니다. 쉽게 말해, 연봉 5,500만 원 이하인 직장인이 개인형 퇴직연금(IRP)에 1년에 900만 원을 넣으면, 지방소득세를 포함해 148만 5천 원의 세금을 깎아준다는 말입니다.

연금저축도 개인형 퇴직연금(IRP)과 비슷합니다. 다만 개인형 퇴직연금(IRP)과 달리 연금저축은 2018년부터 은행 가입이 안 됩니다. 증권사에서 연금저축 계좌를 만들어 펀드나 상장지수펀드(ETF)에 투자할 수 있고, 보험사에서 연금저축보험 상품에 가입할 수도 있습니다. 연금저축보험은 매달 정해진 돈을 꼬박꼬박 납입해야 합니다. 증권사 연금저축 계좌는 넣고 싶을 때 넣고 싶은 만큼만 넣을 수 있습니다.

개인형 퇴직연금(IRP)과 연금저축 둘 다 가입한 경우라면 연금저축 600만 원에 추가로 개인형 퇴직연금(IRP) 납입액 300만 원, 총 900만 원이 세액공제 대상입니다. 다음 표를 참고합시다.

| 연금저축 및 개인형퇴직연금 (IRP) 공제 한도 및 공제율

	세액 공제율 (지방소득세 포함)	연금저축 공제 한도	IRP 공제 한도	최대 세액공제액
총급여 5,500만 원 (종합소득금액 4천만 원) 이하	16.5%	600만 원	(연금저축 과 합해) 900만 원	1,485,000원
총급여 5,500만 원(종합소득 금액 4천만 원) 초과	13.2%			1,188,000원

900만 원을 1년 만기 은행 정기예금에 넣어놓으면 이자 수입이 세금을 제하고 채 30만 원이 되지 않습니다. 금액만 놓고 본다면 연금계좌 세액공제는 900만 원을 예치해 놓으면, 현재 은행 정기예금 이자의 약 5년 치에 해당하는 금액을 일시에 세액공제 해 주는 것입니다. 이때 연금계좌 예치 기간 내 이자 수입은 덤입니다.

하지만, 무작정 연금저축에 가입하는 것은 연말정산에 큰 도움이 되지 못할 수 있습니다. 연말정산은 이미 낸 세금 (기납부세액)을 정산하는 것이기 때문에 총급여가 적어서 낸 세금 자체가 적은 직장인은 환급받을 세액도 많지 않거나 없을 수도 있기 때문입니다.

또한, 둘 다 노후자금을 모으는 상품이라 한 번 넣은 돈은 특별한 경우가 아니면 55살 전에 출금할 수 없습니다. 중간에 돈을 빼려면 계좌를 해지하거나 연말정산 때 깎아준 세금을 토해내야 합니다. 약간의 강제성을 두는 것입니다. 그래서 매달 납입할 계획이라면 55살까지 유지할 수 있을 정도만 하는 게 좋습니다. 매달 넣기 부담스럽다면 여력이 될 때만 넣는 것도 가능합니다.

세알못 **연금저축, 12월에 한꺼번에 불입해도 되나요?**

택스코디 괜찮습니다. 연금저축 (연금저축 + 퇴직연금)은 불입 시기와 상관없이 연말에 한 번에 납입해도 한도만큼 세액공제를 받을 수 있습니다.

참고로 연금계좌 가입자가 작년에 연금계좌에 납입한 금액이 한도액을 초과했다면 한도액까지만 세액공제를 받았을 것입니다. 한도를 초과한 납입액은 당연히 세액공제 혜택은 없지만, 그 대신 추후 연금을 수령할 때 연금소득세를 내지 않아도 됩니다. 정리하면 연금을 납입할 때 세액공제를 받은 금액에 대해서는 연금을 탈 때 연금소득세를 내고, 연금을 납입할 때 세액공제를 받지 않은 금액에 대해서는 연금을 수령할 때 연금소득세를 내지 않는 것입니다.

그런데 연금 수령액이 크지 않다면 그에 대한 세금은 아무리 커도 연금 수령액의 5%밖에 되지 않습니다. 그런데 납입할 때의 세액공제는 12% 또는 15%까지 가능하니 세액공제를 받고 나중에 세금 내는 것이 훨씬 유리합니다.

세알못 **'한도 초과 납입금 등의 해당연도 납입금 전환 특례제도'가 있다는 말을 들었습니다.**

택스코디 개인형 퇴직연금(IRP) 추가납입액이 별도로 없는 직장인이 어느 해에 연금계좌에 700만 원을 납입했다고 가정합시다. 세액공제 납입 한도가 600만 원이므로 그해에는 600만 원까지만 세액공제 혜택을 받고 나머지 100만 원은 세액공제 혜택을 받지 못한 채 그냥 다음 해로 넘어갑니다. 그런데 그다음 해에 자녀도 태어나고 이런저런 일이 너무 많아서 경제적으로 빠듯해서 그해에는 연금계좌에 300만 원밖에 납입하지 못했습니다. 작년에는 납입액이 남아돌아서 세액공제를 못 받았는데 올해는 납입한 금액이 부족해서 한도까지 세액공제를 못 받았는데 이런 사실이 조금 아쉬울 수 있습니다.

이처럼 작년에 한도 초과로 세액공제 받지 못했던 100만 원을 올해 납입한 것으로 인정해달라고 신청하는 것이 이 납입금 전환 특례 제도입니다. 올해는 300만 원밖에 납입하지 않았으므로 한도까지 300만 원의 여유가 있습니다. 그래서 올해 이전에 납입했는데 세액공제 못 받은 금액이 있다면 올해의 세액공제 납입 한도 여유분 300만 원 범위 안에서 과거에 한도 초과한 납입금액을 올해에 납입한 것으로 간주해서 세액공제를 적용받게 되는 것입니다.

네이버 콩기부도 세액공제가 될까?

· 네이버 콩기부도 세액공제를 받을 수 있다.

이 문장은 O입니다. 네이버의 온라인 기부 포털인 '해피빈'을 통해 진행하는 '콩'이라고 불리는 이 기부 포인트는 1개당 100원의 가치를 지니며, 연말정산에서 기부금 세액공제 혜택을 받을 수 있습니다. 해피빈을 통한 기부는 법정기부금으로 분류됩니다. 해피빈 플랫폼에서는 기부자들에게 별도의 기부금 영수증을 발급하는 대신 국세청 연말정산 간소화 서비스에 영수증 내역을 바로 등록해 줍니다.

기부금 세액공제는 기본적으로 과세기간에 지급한 법정기부금과 지정기부금의 15%를 세액공제 하는 것입니다. 공제금액과 한도는 기부금 종류에 따라 차이가 있는데, 기본적으로는 기부금의 15%를 세액공제 합니다. 2020년부터는 고액 기부금 기준액이 2,000만 원에서 1,000만 원으로 완화돼 1,000만 원을 초과하는 고액 기부의 경우, 기부금의 30%를 세액공제 합니다.

세알못 **법정기부금은 무엇이고, 지정기부금은 또 무엇인가요? 그리고 이렇게 구분한 이유는 무엇인가요?**

택스코디 기부금을 이런 식으로 구분한 이유는 종류별로 세액공제를 받을 수 있는 한도가 다르기 때문입니다. 1년 동안 기부한 금액은 법정기부금, 지정기부금 등으로 구분하고 각 구분별로 기부금 공제대상 금액 한도를 계산합니다. 계산된 공제한도액과 해당 기부금 지출액을 비교해 지출액이 한도 이내의 금액이면 전액 공제대상이 되고, 한도를 초과한 경우에는 한도액까지만 공제대상 금액이 됩니다. 다음 표를 참고합시다.

기부금 종류	공제대상 금액 한도
1. 법정기부금	근로소득금액 × 100%
2. 우리사주조합기부금	(근로소득금액 - 1번) × 30%
3. 지정기부금	종교단체기부금이 없는 경우: (근로소득금액 -1번 -2번) × 30%
	종교단체기부금이 있는 경우: (근로소득금액 -1번 -2번) × 10%

법정기부금, 정치자금 기부금은 한도가 없습니다. 근로소득금액 전액이 한도입니다. 만약 근로소득금액 5천만 원인 직장인이 정당에 5천만 원 모두 기부했을 때, 전부 공제받을 수 있다는 말입니다. 다시 말해 기부를 엄청나게 해서 본인의 근로소득금액보다 더 기부한 경우가 아니면 한도 초과가 발생할 일은 없습니다. 그래서 실무적으로 법정기부금은 그냥 한도 없이 전액 세액공제가 된다고 인식하고 있으며 실제로 거의 틀리지 않습니다. 이때 한도는 '총급여액(연봉)'이 아니라 '근로소득금액'이라는 점입니다. 총급여액에서 근로소득공제를 차감한 근로소득금액이 법정기부금 한도가 되고, 지정기부금 등의 한도를 계산할 때도 근로소득금액이 기준이 됩니다.

참고로 본인이 얼마만큼의 공제를 받을 수 있는지는 자신의 근로소득금액과 기부금 영수증을 가지고 국세청 연말정산 모의계산을 통해 확인해 볼 수 있습니다.

세알못 **근로소득금액 5천만 원인 직장인입니다. 교회 헌금을 700만 원 했는데, 기부금 세액공제 받을 수 있는 금액은 얼마인가요?**

택스코디 일반적으로 직장인이 내는 기부금은 보통 지정기부금일 것입니다. 교회 등 종교단체 또는 그 외 사회·복지·문화·예술단체에 기부할 텐데, 종교단체 기부금 공제 한도는 근로소득금액의 10%이고, 그 외 각종 복지단체에 내는 기부금 공제 한도는 근로소득금액의 30%입니다. 따라서 세알못 씨 근로소득금액이 5천만 원이면 종교단체 기부금 공제 한도는 500만 원입니다. 700만 원을 헌금해도 공제받을 수 있는 한도는 500만 원인 것입니다. 여기에 15% 세액공제율을 적용하면 다음과 같이 75만 원을 공제받을 수 있습니다.

- 기부금 세액공제액 = 기부금 × 세액공제율
  = 500만 원 × 15% = 75만 원

이때 한도를 초과한 기부금 200만 원은 내년으로 이월됩니다. 다음 해로 넘겨서 기부금 세액공제를 받을 수 있습니다.

참고로 1년 동안 지출한 기부금의 종류가 다양하게 있는 경우에 기부금은 '정치자금기부금 → 법정기부금 → 우리사주조합기부금 → 종교단체 외 지정기부금 → 종교단체 지정기부금'의 순서로 기부한 것으로 보아 공제 한도를 계산하고 공제대상 금액을 산정하게 됩니다. 그런데 같은 유형의 기부금 중에서도 과거 한도 초과로 공제받지 못하고, 넘어온 기부금과 올해에 기부한 기부금이 동시에 있는 경우에는 올해 기부금을 우선 공제하고, 올해 기부금이 한도에 달하지 않은 때에 그 나머지 한도 이내의 범위에서 과거 한도 초과로 넘어온 기부금을 공제하게 됩니다.

그리고 맞벌이 부부 중 부양가족에 대해 기본공제를 받는 쪽에서 해당 부양가족 (나이 제한 없고 소득요건만 적용)이 지난 1년간 기부한 내역이 있다면, 근로자의 기부 내역과 합산해서 공제받을 수 있습니다. 예를 들어 소득이 없는 60세 미만 부모님이나 대학생 자녀의 지정기부금을 세액공제 받을 수 있습니다. 이때 합산할 수 있는 기부금은 법정 지정기부금만 해당합니다. 정치자금기부금과 우리사주조합기부금, 고향사랑기부금은 직장인 본인이 기부한 금액만 인정받을 수 있습니다.

소득세 감면제도만 잘 활용해도 세금이 준다

· 중소기업에 취업한 청년이 소득세를 감면받은 후, 결혼·출산 등의 사유로 퇴직했다가 재취업해 경력단절여성 요건을 충족하면 3년간 더 감면받을 수 있다.

이 문장은 O입니다. 청년으로 중소기업취업자 감면 후 경력단절 여성으로 추가 감면받을 수 있습니다. 중소기업에 취업한 청년이 5년간 감면받은 후 결혼·출산 등의 사유로 퇴직했다가 재취업해 경력단절여성 감면요건을 충족하면 3년간 더 감면받을 수 있습니다. 근로자는 회사에 감면신청서를 제출하면 됩니다.

중소기업 취업자라면 '중소기업 취업자 소득세 감면제도'로 최대 1천만 원까지 소득세를 절감할 수 있습니다. 감면 업종에 해당하는 중소기업에 취업한 청년, 60세 이상 노인 그리고 장애인, 경력단절 여성들에 대해서 소득세를 3년간(청년 5년간) 70%(청년 90%) 감면해주는 제도입니다. 세액감면 한도액이 상향됨에 따라 2023년 1월 1일 이후 발생하는 소득분에 대해서는 연간 최대 200만 원을 감면받을 수 있습니다.

중소기업 취업자로 소득세 감면을 받고 싶다면 사업장 규모뿐 아니라 업종도 확인해야 합니다. 취업한 회사가 중소기업기본법 제2조의 중소기업에 해당하는 중소기업이라 하더라도 금융 및 보험업, 보건업(병원, 의원 등), 전문서비스업(법무서비스, 변호사업, 변리사업, 법무사업, 회계서비스 등), 음식점업 중 주점 및 비알코올음료점업, 비디오물 감상실 운영업, 기타 개인 서비스업 등을 주된 사업으로 영위하는 기업 등은 공제대상이 아닙니다. 국가, 지방자치단체, 공공기관, 지방공기업도 공제대상에서 제외됩니다.

세알못 **중소기업에 취직 중이고, 총급여액이 3,600만 원인 청년입니다. 결혼은 하지 않았고 연간 국민연금 150만 원, 건강보험 100만 원을 냈습니다. 감면세액은 얼마이고, 어떻게 계산하나요?**

택스코디 만약 감면대상 청년이라면, 먼저 산출세액의 90%를 차감한 뒤, '근로소득 세액공제'까지 차감해 '결정세액'을 계산합니다. 그리고 미리 낸 세액(기납부세액)과 비교하면 됩니다. 먼저 세알못 씨 과세표준부터 계산해보면 다음과 같습니다.

- 근로소득금액 = 총급여액 - 근로소득공제 (750만 원 + 1,500만 원을 초과한 금액 × 15%) = 3,600만 원 - (750만 원 + 2,100만 원 × 15%) = 2,535만 원

- 과세표준 = 근로소득금액 - 소득공제 (본인 기본공제 + 국민연금보험료 + 건강보험료) = 2,535만 원 - (150만 원 + 150만 원 + 100만 원) = 2,135만 원

이제 산출세액을 계산해 봅시다.

- 산출세액 = 과세표준 × 세율 = 21,350,000원 × 15% - 1,260,000원 (누진공제액) = 1,942,500원

이제 중소기업 취업자 감면세액을 계산해봅시다.

- 중소기업자 취업자 감면세액 = 산출세액 × (감면대상 중소기업으로부터 받은 총급여액 / 해당 근로자의 총급여액) × 감면율 = 1,942,500원 × 90% = 1,748,250원

이때, 근로소득 세액공제는 다음과 같이 계산합니다.

- 근로소득 세액공제 = 감면적용 전 근로소득 세액공제 × [1 - (중소

기업 취업자 소득세 감면액 / 산출세액)] = 716,000원 × [1-(1,748,250원/1,942,500원)] = 71,600원

이제 다음과 같이 결정세액을 구하면 다음과 같이 122,650원입니다.

- 결정세액 = 산출세액 - 중소기업자 취업자 감면세액 - 근로소득 세액공제 = 1,942,500원 - 1,748,250원 - 71,600원 = 122,650원

세알못 이전 회사에서 중소기업 청년 소득세 감면 혜택을 받아왔는데, 8월 말에 퇴사 후 중견기업으로 이직했습니다. 이전에 중소기업에 다녔던 기간에 대해서 중소기업 청년 소득세 감면을 받을 수 있나요? 추가로 필요한 서류가 있나요?

택스코디 이직 전 중소기업에서 발생한 근로소득에 대해서는 중소기업 취업자 소득세 감면을 적용받을 수 있습니다. 종전 근무지의 근로소득 원천징수영수증 상 '조세특례제한법 30조 세액감면' 란에 중소기업취업자 소득세 감면이 반영돼 있다면, 현재 근무지에서 감면을 적용해서 연말정산 할 것입니다.
만약, 근무하던 중소기업이 폐업해 감면신청을 하지 못한 경우라도 근로자가 직접 종합소득세 경정청구 해 감면받을 수 있습니다.

다시 말하지만 청년, 고령자, 장애인, 경력단절 여성이 감면대상 중소기업에 취업하는 경우 취업일부터 3년간 소득세의 70%를 감면

받을 수 있습니다. 특히, 중소기업에 취업한 청년이 감면받은 후 결혼 출산 등의 사유로 퇴직했다가 재취업해 경력단절여성 요건을 충족하면 3년간 더 감면받을 수 있습니다. 정리하면 최초 감면적용 일부터 5년이 되는 달까지는 청년으로 90%를 감면받고, 나머지 기간은 경력단절여성으로 70% 감면을 적용받으면 됩니다.

권말부록

알아두면
돈이 보이는
세금 상식 사전

연도 중 퇴사하면 연말정산은 어떻게 하나?

세알못 **연도 중 퇴사하면 연말정산은 어떻게 하나요?**

택스코디 연도 중 다니던 회사를 퇴사하는 경우에는 퇴사하는 회사에서 연말정산을 해야 합니다. 하지만 연도 중 퇴사하는 경우에는 일반적인 연말정산처럼 소득공제나 세액공제 서류를 제출하여 완벽하게 정산을 하지는 않습니다. 실무적으로 퇴사하는 회사에서는 별도의 서류 확인 없이도 적용 가능한 기본적인 사항만 반영해 정산하는 것이 관례입니다.

이렇게 기본적인 사항만 반영해 정산하면 이런저런 소득·세액공제 항목들을 적용받지 못하므로 연초부터 퇴사 시까지 받은 연봉과 비교해 결정세액이 좀 많이 나올 수가 있습니다.

하지만, 그 해가 가기 전에 다른 회사로 이직을 하면 새로 입사한 회사에서 다음 해 초에 연말정산을 하게 되고, 근로자는 1년분 공제 서류를 이때 모두 제출합니다. 이렇게 연말정산을 할 때는 이직 전 회사의 연봉은 물론 각종 공제항목까지 모두 반영해 계산하므로 이직 전 회사에서 퇴사할 때 소득공제 등의 적용을 받지 못했더라도 나중에 모두 정리될 수 있습니다.

세알못 **그런데 연도 중이 아니라, 퇴사 후 다음 해 1월에 새로운 회사로 입사하면요?**

택스코디 만약 1월에 이직했다면, 1월에서 2월 중 연말정산 시즌에 근무하는 회사가 있긴 합니다. 그런데 연말정산은 전년도 소득에 대한 세금 계산을 하는 것인데 새로 입사한 회사는 1월에 입사한 직원에게는 전년도에 지급한 소득이 없습니다. 그래서 연말정산 직전 1월에 입사한 직원은 다니는 회사에서 연말정산을 해주지 않습니다.

결국, 이런 상황이라면 5월까지 기다려서 5월에 사업자들처럼 스스로 종합소득세 확정신고를 해야 합니다. 종합소득세 확정신고라고 말하지만, 내용은 연말정산과 같습니다.

그런데 문제는 연말정산이든 종합소득세 신고든 근로자 스스로 신고서를 작성하기가 쉽지 않다는 사실입니다. 그래서 이런 상황이 되면 세무사 사무소를 찾아가서 수수료를 지급하고 신고를 의뢰해야 할 가능성이 큽니다.

정리하면 연도 중 퇴사하는 사람인데, 연말이 지날 때까지 다른 회사에 재입사 계획이 없거나 재입사가 쉽지 않다고 판단되면 연도 중 퇴사 시에 소득공제 및 세액공제 서류를 퇴사하는 회사에 제출해 완벽하게 정산을 해달라고 요청하는 것이 좋습니다.

세알못 **만약 두 개 회사를 동시에 다니고 있다면, 연말정산은 어떻게 해야 하나요?**

택스코디 근로자가 여러 회사에서 근무를 하게 될 수도 있습니다. 보통 직장인이라면 거의 없는 일이지만, 임원급 근로자이면 특정 회사의 임원직과 관계회사 임원직을 겸임할 때가 있습니다. 이럴 때는 두 회사 중 한쪽을 주된 회사로 신고를 한 뒤 주된 회사에서 다른 회사 근로소득까지 합산해서 연말정산을 해야 합니다. 이때 주된 회사는 다른 회사로부터 다음 연도 2월 지급분 급여를 받기 전까지 근로소득원천징수영수증을 교부받아야 합니다.

그런데 각 회사 편에서는 직장인이 주된 회사 여부를 정확히 알려주지 않으면 본인 회사가 주된 회사인지 알 수가 없습니다. 게다가 해당 근로자가 다른 회사에서 지급받은 급여가 있다는 사실 자체를 알려주지 않으면 다른 회사에서 받은 급여를 합산해서 연말정산을 해야 한다는 사실조차 알 수 없습니다. 이처럼 근로자가 여러 회사에서 급여를 받고 있다는 사실을 알리지 않아 주된 회사에서 합산하는 방식으로 연말정산을 하지 못했다면 각각의 회사가 개별적으로 연말정산을 할 수밖에 없습니다. 이럴 때는 각 회사에서 연말정산한 내용을 합산해 근로자 스스로 5월에 종합소득세 확정신고를 하면 됩니다. 다음 표를 참고합시다.

| 근로 형태별 연말정산

구분	연말정산 의무자	연말정산 시기	연말정산 범위
일반 직장인	연말 현재 근무하는 회사	다음 해 2월	연간 소득
중도퇴사자	퇴사하는 회사	퇴사 시	퇴사 시까지의 소득
이직자	연말 현재 근무하는 회사	다음 해 2월	종전 회사+현재 회사 소득
복수 직장인	주된 근무회사	다음 해 2월	근무하는 모든 회사 소득
일용근로자	연말정산 의무 없음		

참고로 아르바이트를 하면서 일당을 받는 근로자를 세법에서는 일반적으로 '일용근로소득자'라고 합니다. 일용근로소득자는 연말정산을 하지 않습니다.

맞벌이 부부 연말정산 최고의 전략은?

세알못 **맞벌이 직장인 부부(남편: 총급여 1억 원, 아내: 총급여 4천만 원)입니다. 매해 연말정산 때마다 어떻게 해야 더 많은 세금을 환급받을 수 있을지가 고민입니다.**

택스코디 일반적으로는 '연봉이 많은 쪽으로 공제를 몰아야 한다'고 알려져 있습니다. 그러나 개별 공제항목을 따져보면 연봉을 적게 받는 쪽으로 공제를 몰아주는 게 절세 효과가 큰 상황도 있어 연말정산 전략을 신중히 짜야 합니다.

먼저 부양가족인 자녀에 대한 기본공제(인적공제)는 부부 중 어느 쪽이라도 공제할 수 있습니다. 부부 모두 자녀에 대한 양육 책임이 있으므로 이를 획일적으로 정하지 않습니다. 다만 자녀에 대한 보험료나 교육비, 그리고 의료비 세액공제는 기본공제를 받는 쪽에서 받아야 합니다.

대부분은 과세표준이 큰 쪽으로 몰아주는 것이 좋습니다. 총급여액이 높을수록 과세표준이 커지고 세율도 높아지는데, 인적공제를 통해 과세금액을 구간별 한계 금액 이하로 줄일 수 있기 때문입니다.

일단 직장인이라면 누구나 받는 근로소득공제와 본인 기본공제만 따져봅시다. 총급여가 5,000만 원이라면, 근로소득공제표에 따라 공제금액은 1,225만 원 (1,200만 원 + 4,500만 원 초과액의 5%)이고, 본인 기본공제는 150만 원이므로 둘을 합치면 1,375만 원입니다.

이에 따라 종합소득과세표준은 3,625만 원 (5,000만 원 - 1,375만 원)이 됩니다. 종합소득 세율표를 보면 3,625만 원은 세율 15%에 해당해 총급여 기준인 24%보다 한 구간 낮아졌습니다. 여기에 부양가족까지 공제 범위를 넓힌다면 산출세액 차이가 더 벌어지게 됩니다.

그러나, 맞벌이 부부 양쪽의 과세표준이 비슷하거나, 연봉이 낮은 직장인이 과표 구간에 걸쳐 있다면, 무조건 연봉이 많은 직장인에게 부양가족 공제를 몰아주는 것보다는 부부가 적절히 나누는 것이 더 나은 절세 효과를 가져올 수 있습니다. (국세청은 맞벌이 부부에게 부모 자녀 등 부양가족 공제를 누가 받는 것이 절세에 유리한지 최적의 공제 조합을 알려주는 시뮬레이션 서비스도 제공합니다.)

다시 강조하지만, 자녀가 2명이라면 '자녀 세액공제(8~20세 자녀)'는 부부 중 한쪽으로 몰아주는 게 유리합니다. 만약 남편이 자녀 1명, 아내가 자녀 1명을 각각 기본공제 대상으로 올렸다면 자녀 1명당 15만 원씩 밖에 공제받기 때문입니다. 2명이라면 받을 수 있던 공제 혜택 35

만 원(2명: 15만 원 + 20만 원)이 30만 원으로 줄어들기 때문입니다.

의료비 세액공제는 급여가 낮은 아내에게 집중하는 것이 유리합니다. 의료비를 지출한다고 해서 무조건 공제대상이 되는 것이 아니라, 총급여의 3%를 초과해 사용한 것에만 공제가 되기 때문입니다. 예를 들어 부양가족 아들의 의료비 지출액이 200만 원일 때, 급여의 3%를 초과한 의료비 지출액을 계산하면 남편은 0원 (200만 원 - 1억 원 × 3%), 부인은 80만 원(200만 원 - 4,000만 원 × 3%)이 나옵니다. 따라서 급여가 적은 아내 쪽에 아들을 기본공제대상자로 올리는 게 유리합니다. 다만 부양가족의 의료비는 인적공제를 받은 사람만 공제 가능하다는 점을 주의해야 합니다.

신용카드 사용액(직불카드, 선불카드, 현금영수증 포함)이 소득공제 가운데 가장 큰 비율을 차지합니다. 신용카드 공제는 '총급여의 25%' 이상을 초과할 때부터 발생합니다. 앞선 사례라면 남편은 2,500만 원을 초과한 사용분을, 아내는 1,000만 원 초과한 사용분에 대해 공제받을 수 있습니다.

부양가족의 소비도 인적공제 대상으로 등록한 사람만 공제가 가능하니, 부양가족 중 신용카드를 많이 사용한 사람이 있다면 소득이 낮은 아내의 기본공제대상자로 올리는 게 낫습니다. 아울러 결제수단별 공제율도 다른데, 신용카드는 15%, 현금영수증 직불카드는 30%입니다. 세금을 아끼려면 현금영수증이나 체크카드를 사용하는 게 유리합니다.

또 맞벌이 부부는 본인과 배우자의 카드내역을 합산해 공제받지 못한 점도 유의해야 합니다.

맞벌이 부부는 서로를 공제대상으로 삼을 수 없지만, 인적공제 대상으로 올린 가족을 위해 지출한 보험료 납입금액에 대해선 세액공제(연 100만 원, 공제율 12%) 가능합니다.

맞벌이 부부는 본인이 계약자이고 피보험자가 배우자일 때에는 부부 모두 공제를 받지 못합니다. 다만, 부부 중 한쪽이 계약자이고 피보험자를 '부부공동'으로 했다면 계약한 근로자 쪽에서 공제받을 수 있습니다.

세알못 **맞벌이 부부, 연말정산 시 주의해야 할 사항은 무엇이 있을까요?**

택스코디 교육비 세액공제를 주의해야 합니다. 다시 말하지만, 맞벌이 부부라면 중복공제는 불가능합니다. 만약 남편이 자녀에 대한 기본공제를 받고 있다면 아내는 자녀에 대한 교육비 세액공제를 받을 수 없습니다. 자녀에 대해 기본공제를 받는 직장인이 교육비 공제도 받을 수 있습니다.

또 기본공제 대상자가 아닌 배우자를 위해 지출한 교육비도 세액공제를 받을 수 없습니다. 즉, 맞벌이 부부는 자신의 교육비는 자신이 직접 지출해야 공제 가능합니다. 그리고 자녀가 학자금대출을 받아 교육비를 납입한 경우에도 부모가 교육비 공제를 받을 수 없습니다. 학자금 대출금을 부모가 대신 상환하더라도 부모가 공제받을 수 없고, 자녀가 취업해 본인의 학자금을 상환할 때 본인 공제를 받을 수 있습니다. 또 주민등록상 동거하고 있지 않은 형제자매의 교육비를 낸 경우에도 세액공제를 받을 수 없습니다.
한편 교육비를 근로자 본인이 직접 부담하지 않고 지방자치단체로부터 수업료, 교복 구입비, 체험학습비 등을 지원받은 경우, 연말정산 간소화 서비스에서 조회되더라도 교육비 공제대상에 해당하지 않습니다.

의료비의 경우, 나이·소득 요건을 충족하지 못해 기본공제를 적용받지 못하더라도 생계를 같이 하는 부양가족을 위해 지출한 의료비는 나이 소득 제한 없이 세액공제를 받을 수 있습니다. 이는 부양가족과 따로 살고 있더라도 가능합니다.

하지만 피부양자가 다른 사람의 기본공제 대상자이면 공제받을 수 없습니다. 가령 첫째 자녀가 인적공제를 받는 부모님의 수술비를 둘째 자녀가 부담했다면, 두 사람 모두 의료비 세액공제를 받을 수 없다는 의미입니다. 첫째 자녀는 의료비를 직접 지출하지 않아 공제대상에서 제외되고, 둘째 자녀는 타인의 기본공제 대상자를 위해 의료비를 지출했기 때문에 대상이 아니기 때문입니다.

맞벌이 부부가 배우자를 위해 의료비를 지출한 경우에는 진료를 받은 해당 배우자가 아닌, 의료비를 지출한 직장인 본인이 세액공제를 받을 수 있습니다.

마지막으로 맞벌이 부부 중 부양가족에 대해 기본공제를 받는 쪽에서 해당 부양가족이 지난 1년간 기부한 내역이 있다면, 직장인 본인의 기부내역과 합산해서 공제받을 수 있습니다. 합산할 수 있는 기부금은 법정 지정기부금만 해당합니다. 정치자금기부금과 우리사주조합기부금, 고향사랑기부금은 근로자 자신이 기부한 금액만 인정받을 수 있습니다. 다음 표를 참고합시다.

| 맞벌이 부부 공제적용법

공제대상		배우자 A	배우자 B	비고
기본공제	배우자	서로 공제 불가		연간환산 소득금액 100만 원 이하이면 공제 가능
	부양가족	선택 (A 또는 B)		직계존비속에 대한 공제는 선택 가능
추가공제	경로우대자 장애인	위 기본공제를 받은 A 또는 B		위의 기본공제를 적용받은 사람이 함께 공제를 받음
	부녀자	선택 불가		여성 배우자만 공제
	자녀	선택 (A 또는 B)		출산 및 8세 이하 공제가 대상임
특별공제	보험료	지출자	지출자	배우자를 위해 지출: 공제 불가 자녀를 위해 지출: 지출자가 공제
	교육비	지출자	지출자	자녀: 기본공제를 받은 배우자가 공제를 받음 직계존속: 공제 불가 배우자: 지출자가 공제 가능
	의료비	지출자	지출자	자녀·직계존속: 기본공제를 받은 배우자가 공제를 받음 배우자: 지출자가 공제를 받음
	주택자금	세대주인 지출자		이자 상환 공제는 다른 세대원도 공제 가능
	기부금	지출자	지출자	–
	신용카드	지출자	지출자	부양가족이 쓴 것은 A 또는 B 중 선택 가능

(세알못) 맞벌이 중 한쪽이 사업자이고 다른 쪽이 직장인이면 어떻게 하나요?

택스코디 이런 경우라면 기본공제나 추가공제 중 사업자와 직장인 모두에게 공통으로 적용되는 것은 어느 쪽에서 공제받아도 상관없습니다. 하지만, 그 밖의 특별세액공제는 원칙적으로 직장인을 위해서 마련된 제도이므로 직장인만 공제 가능합니다. 따라서 자녀나 부모 등에서 특별공제액이 많다면 직장인이 공제를 적용해야 더 많이 환급받을 수 있습니다.

절세 끝판왕 개인종합자산관리계좌 ISA, 미리 개설해두자

세알못 **연금저축을 가장 효과적으로 활용할 수 있는 방법은 무엇인가요?**

택스코디 은퇴를 앞두고 있다면 셈법이 조금 복잡해집니다. 연금저축 수령 기간이 10년 이내면 세율이 3.3~5.5%로 낮은 연금소득세가 아닌 세율이 16.5%에 달하는 기타소득세가 부과될 수 있습니다. 또 연금 수령액이 연간 1,500만 원을 넘으면 세율이 6~45%인 종합소득세가 적용됩니다.

정리하면 세제 혜택을 최대한으로 누리기 위해서는 연금 수령 기간을 10년 이상으로 정하고, 수령액은 연간 1,500만 원 이내로 조정하는 것이 좋습니다.

계좌관리 편의성 등을 위해 연금저축과 퇴직소득을 수령하는 IRP

계좌 등을 하나로 통합할 수 있긴 하지만 고려할 사항이 많습니다.

연금 수령 등의 과정에서 연금소득이나 IRP 계좌에서 자금이 인출되는 순서는 과세제외금액, 퇴직소득 그리고 세액공제를 받은 금액과 운용소득 순입니다. 즉 퇴직소득을 모두 인출한 후에 연금저축이나 본인이 납입한 IRP의 자금 (세액공제를 받은 금액과 운용소득)을 인출할 수 있어 인출 시기나 금액에 있어 선택권을 제약받을 수 있다는 말입니다.

아울러 일단 계좌를 통합한 후에 계좌를 해지하려면 연금저축과 IRP 중 본인 추가납입액만을 일부 해지할 수 없고 통합된 계좌 전체를 해지해야 해 세제상 불이익이 통합 전보다 더 클 수 있습니다.

계좌를 해지할 경우 세액공제 혜택을 받은 자기부담금과 운용 소득세에는 기타소득세 16.5%가 부과되고, 퇴직소득에 대해선 연금소득세보다 세율이 더 높은 퇴직소득세가 부과되기 때문입니다.

만약 사회초년생이라면 당장 연말정산 세액공제 혜택만을 노리기보단 중장기적으로 자금이 필요한 시점을 잘 고려할 필요가 있습니다. 연금저축이나 IRP는 해지하지 않고 55세 이후까지 유지해야 실질적인 세제 혜택을 받을 수 있으므로 중도해지 없이 55세 이후까지 운용할 수 있는 노후 대비 자금은 연금저축이나 IRP(개인형 퇴직연금)로 준비하고, 결혼이나 주택 구입비용 등 중단기 필요자금은 만기가 상대적으로 3년 이상으로 짧은 ISA(개인종합자산관리계좌) 등 금융상품을 활용하는 것이 합리적입니다. 특히 ISA는 총급여가 5,000만 원 이하면 비과세 혜택이 400만 원까지 늘어나는 만큼 사회초년생의 중단기 자금 운용에 유리합니다.

하나의 통장으로 예금, 적금, 주식, 펀드, 주가연계증권(ELS) 등 다양한 상품에 투자할 수 있는 개인종합자산관리계좌(ISA)는 소득에 따라 서민형, 일반형으로, 운용방식에 따라 신탁형, 일임형, 중개형으로 나눌 수 있습니다.

만 19세 이상이면 누구나 가입할 수 있습니다. (근로소득이 있다면 만 15~19세 미만도 가입할 수 있습니다.) 다만, 연간 이자나 배당소득이 2,000만 원을 초과하는 금융소득종합과세 대상자는 3년 동안 가입이 불가능합니다.

현재 ISA는 3년 이상 의무적으로 가입해야 합니다. 은행과 증권사에서 가입 가능하며, 1인 1계좌만 개설할 수 있습니다.

납입 한도는 연간 2,000만 원, 5년간 최대 1억 원까지 가능합니다. 또 납입 한도 이월이 가능하다는 장점도 있습니다. 가령 올해 저축할 여력이 없어 1,500만 원만 납입했다면, 내년에는 총 2,500만 원을 입금할 수 있습니다.

ISA 계좌의 가장 큰 장점은 '절세 혜택'입니다. 일반형의 경우 ISA 계좌에서 발생한 이자, 배당소득 등 순이익 중 200만 원까지 비과세가 적용되며 서민형과 농어민형은 400만 원까지 세금 혜택이 있습니다. 비과세 구간을 초과하는 과세대상 소득은 9.9% 세율로 분리과세합니다.

그리고 현재 세법상 금융상품에서 발생한 손실과 이익 중에서 후자에 대해서만 과세를 합니다. 하지만 ISA에서 투자했다면 계좌 내

손익을 모두 통산해 순이익만 과세대상으로 삼습니다. 특히 중개형은 국내주식 최종 순이익은 과세하지 않지만, 순손실은 여타 금융상품 이익과 상계되므로 1석2조 효과를 누리게 됩니다. 다음 표를 참고합시다.

<table>
<tr><th>구분</th><th colspan="2">내용</th></tr>
<tr><td>소득</td><td colspan="2">ISA에서 발생하는 소득은 비과세 및 분리과세 대상으로,
종합과세대상에서 배제</td></tr>
<tr><td>납입 한도</td><td colspan="2">연 2,000만 원 (한도 미달액은 다음 해로 이연 가능),
총 1억 원 납입</td></tr>
<tr><td rowspan="2">세제 혜택</td><td colspan="2">계좌 내 운용되는 상품들 순손익에 과세</td></tr>
<tr><td colspan="2">금액 인출 시점까지 과세가 이연돼 세금으로 재투자 가능</td></tr>
<tr><td>의무가입기간</td><td colspan="2">3년</td></tr>
<tr><td rowspan="3">세금</td><td>비과세</td><td>200만 원(서민형 400만 원)</td></tr>
<tr><td>분리과세</td><td>초과금액 9.9% 원천징수 종결</td></tr>
<tr><td>세액공제</td><td>만기자금은 연금계좌에 납입 시 연말정산 때 추가로 가능
(최대 300만 원)</td></tr>
<tr><td rowspan="2">참고사항</td><td colspan="2">만 19세 이상 계좌 개설 가능 (근로소득 있을 시 만 15세부터 가능)</td></tr>
<tr><td colspan="2">계좌 개설 및 만기연장 시점 기준 직전 3개 연도 중
금융소득 종합과세 대상자일 경우 가입 불가</td></tr>
</table>

미국펀드에 투자해 1,000만 원의 이익을 보고, 국내주식에 투자해 500만 원의 손실을 본 투자자가 있다고 가정해봅시다. 일반계좌로 투자했다면 이익을 본 1,000만 원에 대해 세금으로 154만 원 (1,000만 원×15.4%, 지방소득세 포함)을 내야 합니다.

하지만 ISA로 투자하면 투자손실을 상계한 후 최종 손익 500만 원 중 비과세하는 200만 원은 제하고, 300만 원에만 분리과세해 약 30만 원 (300만 원×9.9%, 지방소득세 포함)만 세금으로 내면 됩니다. 124만 원이나 아낄 수 있습니다.

이게 끝이 아닙니다. 연말정산에도 ISA를 활용할 수 있습니다. 그 자체로는 세액공제 혜택이 없지만, 5년 꽉 채워 만기가 도래한 ISA 자금을 60일 이내에 IRP(개인형 퇴직연금) 계좌로 옮기면 세액공제 혜택이 생깁니다. 이 경우 투자금의 10%까지 최대 300만 원 한도로 공제를 받을 수 있습니다. 즉, ISA를 해지하며 받은 돈에서 3,000만 원을 연금계좌로 옮기면 최대치로 세액공제를 더 받을 수 있게 되는 것입니다. 기존 IRP 세액공제 납부 한도는 2023년 기준 900만 원인데, 여기다 ISA 자금 300만 원이 더해지면 최대 1,200만 원에 대한 세액공제를 받을 수 있다는 의미입니다. 다음 표를 참고합시다.

| ISA 연금전환 시 연 세액공제 혜택

	연금저축	IRP	ISA
한도	합산 900만 원		300만 원(연금전환액의 10%)
한도에 따른 입금액	600만 원	300만 원	3,000만 원
공제율	총급여 5,500만 원 또는 종합소득금액 4,500만 원 이하 16.5%, 초과 13.2% (지방소득세 포함)		
공제액 (총급여 5,500만 원 이하자)	990,000원	495,000원	495,000원
최대 환급액	1,980,000원		

세알못 **의무가입기간이 끝나면 해지해야 하나요?**

택스코디 2024년은 의무가입기간이 도입되고 3년째 되는 해입니다. 2021년에 ISA에 가입한 사람은 2024년에 의무가입기간이 끝납니다. 의무가입기간이 끝나면 ISA 계좌를 해지해야 할까요? 그렇지는 않습니다. 당장 목돈이 필요하다면 어쩔 수 없지만, 그렇지 않다면 운용 수익이 비과세 한도를 초과하는지부터 살펴야 합니다.

먼저 ISA 계좌에서 발생한 이자와 배당 등 운용 수익이 비과세 한도를 초과했을 수 있습니다. 이때는 기존 계좌를 계속 유지하는 것보다 해지하고 새로 ISA 계좌를 개설하는 게 낫습니다. 기존 계좌를 유지하면 추가로 발생한 수익이 9.9% 세율로 분리과세 되지만, 기존 계좌를 해지하고 새로 ISA 계좌를 만들면 다시 200만 원(서민형 400만 원)까지 비과세 혜택을 받을 수 있습니다.

하지만, 의무가입기간이 지난 ISA 계좌에서 손실이 났다면 굳이 지금 해지할 필요는 없습니다. 손실을 회복하고 비과세 한도를 채운 다음 해지하는 게 득입니다. 만기까지 얼마 기간이 남지 않았다면 만기를 연장하는 것도 좋은 방법입니다. 금융회사는 의무가입기간(3년)을 초과하는 범위에서 가입자가 만기를 자유롭게 정하도록 하고 있고, 또 가입자가 희망하면 만기를 연장할 수도 있습니다.

여기서 잠깐! 새로 ISA에 가입할 때 만기는 얼마로 정해야 할까요? 우선 의무가입기간에 맞춰 만기를 3년으로 정하고, 나중에 필요할 때, 만기를 연장하면 되지 않을까요? 그래도 되지만 좋은 방법은 아닙니다. 가입자가 만기를 연장할 때 신규 가입자에 준해서 가입 자격을 따지기 때문입니다. 현재 직전 3개년도에 금융소득종합과세 해당하는 자는 ISA에 가입할 수 없습니다. 따라서 ISA 가입 기간 내 금융소득종합과세에 해당하게 되면 만기를 연장할 수 없습니다.

서민형 ISA 가입자도 주의해야 합니다. 전년도 총급여가 5,000만 원(종합소득 3,800만 원) 이하인 사람은 서민형 ISA에 가입할 수 있습니다. 서민형 가입자는 운용 수익 중 400만 원 비과세를 적용받는데, 이는 일반형의 2배에 해당합니다. 처음에 소득이 높지 않아 서민형에 가입했더라도 만기 때 소득이 늘어나서 서민형 조건에 벗어날 수 있습니다. 이때는 만기를 연장하려면 일반형으로 전환해야 합니다. 그러면 비과세 한도가 400만 원에서 200만 원으로 축소됩니다.

정리하면 금융소득종합과세 대상자가 될 우려가 있거나 서민형 ISA에 가입하는 사람은 애당초 가입할 때 만기를 가능하면 길게 정하고 필요할 때 해지 하는 게 낫습니다. 의무가입기간만 지나면 중도해지를 해도 비과세와 분리과세 혜택은 주어지기 때문입니다.

고향사랑 기부제도 과연 득일까?

2023년부터 고향사랑 기부제도가 도입됐습니다. 기부하는 사람은 세액공제와 답례품을 받을 수 있고, 지방정부는 기부금을 모집해 지역 재정을 늘릴 수 있습니다. 모집한 기부금은 지역 문화사업에 투자하거나 지역주민 복지 증진에 활용됩니다.

고향사랑 기부제도는 기부자가 현 거주지가 아닌 지역에 기부하면 세액공제 (10만 원까지 전액, 10만 원 초과 시 16.5%)와 함께 답례품 (기부금의 30% 한도)을 받을 수 있고, 기부상한액은 1인당 연 500만 원입니다. 다음 표를 참고합시다.

| 고향사랑 기부제도 혜택

기부상한	1인당 연 500만 원
기부 혜택	10만 원까지 전액 세액공제, 10만 원 초과분은 16.5% 세액공제, 기부금액의 30% 이내 답례품 제공

예를 들어 부산에 거주하는 직장인 A 씨가 자신의 고향 경상남도 밀양에 10만 원을 기부하면, 연말정산 시 10만 원은 세액공제로 돌려받고, 추가로 3만 원 상당의 답례품까지 받게 되니 3만 원 만큼의 이득을 취할 수 있게 되는 셈입니다.

세알못 **직장인이 고향사랑 기부제도를 통해 10만 원을 기부하면, 답례품을 포함해 13만 원을 돌려받는 셈이니 무조건 득이네요.**

택스코디 상황에 따라서 득일 수도, 아닐 수도 있습니다. 연말정산 구조를 다시 살펴봅시다. 근로소득금액이 정해지면 부양가족 공제인 '인적공제'를 먼저 적용한 후, 신용카드 사용액 소득공제 등 각종 소득공제를 적용한 뒤 세액공제를 적용합니다. 연봉이 낮은 직장인이라면 소득공제 과정에서 이미 결정세액이 0원이 돼 더 이상의 공제가 의미 없게 됩니다.

다시 말해 세액공제는 소득공제를 거친 후 나오는 산출세액에 대해 공제해주는 것인데, 쉽게 말해 산출세액이 10만 원이라도 남아있어야 고향사랑 기부금 10만 원에 대한 세액공제를 100% 받을 수 있는 것입니다.

만약 산출세액이 없거나, 10만 원이 되지 않을 때는 기부한 10만 원에 대해서 100% 세액공제는 불가능합니다. 이런 이유로 고향사랑 기부제도가 무조건 득이라는 말이 무조건 맞다고 보기는 어렵습니다.

물론 소득공제를 적용한 뒤 산출세액이 10만 원 이상 남아있다면 고향사랑 기부제도는 아주 좋은 선택지일 수 있습니다. 10만 원을 기부하면 10만 원을 그대로 세금에서 돌려받고, 3만 원어치 선물까지 받는 것입니다. 기부하는 개인은 사실상 무조건 이득을 챙기는 제도입니다. 2023년 1월 1일부터 시행됐지만, 아직도 그 존재를 모르는 사람이 많습니다.

세알못 **고향사랑기부는 어떻게 하는 건가요?**

택스코디 먼저 고향사랑e음 홈페이지(https://ilovegohyang.go.kr)에 접속부터 해야 합니다. PC나 모바일을 이용해 포털사이트에서 고향사랑기부를 검색하면 '고향사랑e음'이라는 페이지에 접속할 수 있습니다. 행정안전부에서 운영하는 고향사랑기부 전용 홈페이지입니다.

곧바로 기부할 수 있는 것은 아니고, 회원가입부터 해야 합니다. 이때 입력한 주소와 개인정보로 나중에 답례품을 배송받게 됩니다. 회원가입을 했다면 기부할 지역을 고를 차례입니다. 시도 단위 광역지자체에서부터 시군구 기초지자체까지 마음대로 기부지역을 고를 수 있습니다. 이름은 고향사랑기부이지만 반드시 고향일 필요는 없습니다. 다만, 현재 자신이 거주하는 주민등록상 거주지만 아니면, 기부가 가능합니다.

딱히 어느 지역에 기부해야 할지 모르겠다면 답례품부터 둘러봅시다. 이왕에 내가 원하는 답례품을 주는 지역을 골라 기부한다면 기부도 하고, 원하는 답례품까지 챙길 수 있기 때문입니다. 기부한 지역의 답례품만 받을 수 있습니다. 답례품은 홈페이지에서 둘러보고 고를 수 있습니다. 참고로 답례품이라고 하면 대부분 사람이 지역 특산품인 먹거리만 떠올리지만, 고향사랑e음 홈페이지(https://ilovegohyang.go.kr)에 들어가면 관광서비스, 벌초 대행 서비스, 노부모 돌봄 서비스 등의 이색상품도 선택할 수 있습니다. 그리고 롯데월드와 아쿠아리움, 서울스카이 이용권이나 경주나 포항의 야외 방탈출 등 이색 관광 프로그램 이용권도 받을 수 있으며, 광주시의 경우 광주 예술의전당 객석에 10자 이내로 원하는 문구를 새길 수 있는 '네이밍도네이션' 서비스를 제공하고 있습니다.

기부 시에 받을 답례품과 기부지역을 골랐다면 이제 기부를 하면 됩니다. 기부금액은 10만 원을 하는 것이 가장 합리적입니다. 10만 원까지는 전액 세액공제 해주기 때문입니다. 10만 원을 초과하는 기부금은 16.5%만 세액공제 해줍니다.

물론 세액공제와 무관하게 순수히 지자체에 기부하는 것도 가능합니다. 이때에도 연간 최대 500만 원까지만 기부할 수 있습니다. 지자체의 구분 없이 고향사랑 기부제도를 통한 기부금액이 연간 총액으로 500만 원을 넘을 수는 없습니다.

세액공제와는 달리 답례품은 기부금액의 30%를 모두 받습니다. 500만 원을 기부한다면 답례품 150만 원어치를 받을 수 있는 것입니다.

기부는 계좌이체 외에 신용카드로도 할 수 있어서 당장 현금이 없더라도 가능합니다. 카드로 하든 현금으로 하든 상관없이 모두 같은 세액공제를 받을 수 있습니다.

보통 종교단체 기부금이나 정치기부금의 경우 기부금 영수증을 챙기고, 연말정산 서류에 입력이 잘 됐는지 체크를 해야 합니다. 그러나 고향사랑 기부금 세액공제는 별도의 신청절차 없이도 세액공제를 받을 수 있습니다. 기부 정보가 국세청 홈택스에 자동으로 신고되도록 시스템이 연결돼 있기 때문입니다. 혹시라도 기부영수증을 받고 싶다면 국세청 홈택스에서 발급받을 수 있습니다.

N잡러 직장인 절세 전략은?

돈을 더 벌기 위해 시작하기도 하지만, 현재 직장에서의 불안정한 고용 등의 이유로 부업을 하는 'N잡러' 직장인들이 계속해서 늘고 있습니다.

세법에선 인터넷 카페, 블로그 등 각종 SNS 채널로 물품을 판매하고, 구매 알선 중개 등을 통해 수익이 발생하는 산업 활동을 'SNS 마켓'으로 정의합니다. 상품을 직접 매입해 SNS상에 판매하는 것부터 제조업자 의뢰를 받아 상품을 홍보하고 판매량에 따라 수수료를 받는 활동까지 다양한 방식의 수익모델이 있습니다.

세알못 **그럼 SNS 마켓으로 물건을 팔려면 사업자등록을 꼭 해야 하나요?**

택스코디 한두 번이 아니라 반복해서 SNS 마켓에서 판매 및 중개행위를 하면 사업자등록을 해야 합니다. 통신판매업 신고 여부와 관계없이 사업자등록은 반드시 해야 합니다.

세알못 **아직 매출이 발생하지도 않았는데, 바로 사업자등록을 해야 하나요?**

택스코디 매출액 발생과 상관없이 사업개시일부터 20일 이내에 사업장 관할세무서장에게 사업자등록을 해야 합니다. SNS 마켓 사업을 결정했다면 바로 사업자등록을 신청하는 게 좋습니다.

SNS 마켓 사업으로 성공한 사람들을 살펴보면 처음부터 다니던 직장을 그만두고 전업으로 시작한 경우는 거의 없습니다. 대부분 회사에 근무하면서 겸업으로 시작하는 경우가 많습니다. 요즘 흔히 말하는 N잡러로 시작하게 됩니다. 직장을 다니면서도 사업자등록을 할 수 있습니다. 다만 회사 사규, 취업규칙 등 내부 규정에 겸업 금지 조항, 사업자등록 금지 사항이 있다면 사업자등록이 어려울 수 있습니다. 이는 회사와 충분한 협의를 통해 결정해야 합니다. SNS 마켓 사업은 개인 SNS 채널을 이용해 업무 외적인 개인 시간에 수익을 만드는 일입니다. 사업 종류에 따라 회사 업무에 지장을 주지 않는 범위라면 함께 상의해서 해결할 수 있을 것입니다.

세알못 **사업자등록을 하지 않으면 어떻게 되나요?**

택스코디 거래 건수와 금액이 적더라도 영리를 목적으로 물건을 판매하거나 구매 알선 수수료를 받았다면 사업개시일 20일 이내에 사업자등록을 해야 합니다. 사업자등록을 안 하면 다음과 같은 가산세가 부과됩니다.

• 사업자 미등록가산세	기준은 사업을 시작한 날부터 미등록 사실이 확인된 날까지입니다. 이때 발생한 공급가액 합계액이 중요합니다. 합계액의 1%에 해당하는 금액을 가산세로 내야 합니다. 만약 간이과세자라면 조금 달라집니다. 공급가액 합계액이 아니라 매출에 집중해야 합니다. 매출의 0.5%와 5만 원 중 큰 금액을 가산세로 내야 합니다.
• 부가가치세 신고불성실 가산세 • 부가가치세 납부불성실 가산세	부가가치세를 신고하지 않으면 무신고가산세를 내야 합니다. 무신고 납부세액에 대해 20%가 가산세로 정해집니다. 또한, 부가가치세 신고를 하지 않았으니, 납부도 하지 않았습니다. 따라서 납부불성실가산세(내야 할 세금 × 연체일수 × 22/10,000)도 발생합니다.

이런 질문도 많이 받습니다. '사업자등록을 하게 되면 무조건 세금을 많이 내야 하지 않을까?' 하고 말입니다. 여러분은 어떻게 생각하나요? 상황에 따라 세금을 전혀 내지 않는 때도 많습니다. 계속 강조하지만, 세금은 아는 만큼 줄일 수 있습니다.

세알못 **참고로 2021년부터 전자상거래업도 현금영수증 의무발행 업종으로 지정됐습니다. 소비자가 발급을 요청하지 않더라도 10만 원 이상 현금 거래가 발생하면 현금영수증을 의무적으로 발행해야 합니다. 만약 소비자가 원한다면 10만 원 미만 현금거래도 현금영수증을 발급해야 합니다.**

현금영수증 의무발행사업자가 발행의무를 위반하면 어떻게 되나요?

택스코디 현금영수증 발행을 거부하면 발급하지 않은 금액의 5%를 가산세로 내야 합니다. 2회 이상 발급을 하지 않은 사실이 발견되면 미발급액의 20%까지 과태료를 물어야 합니다.

참고로 소비자가 원하지 않아 영수증발행을 잊었다면 어떻게 해야 할까요? 만약 잊었더라도 현금을 받은 후 5일 이내에 자진해서 발급하면, 가산세를 부담하지 않습니다. 5일에서 10일까지는 자진발급 시 가산세의 절반을 감면받지만, 10일이 넘어가면 20%의 가산세 부담을 피할 수 없습니다.

그리고 사업자와 소비자가 서로 간에 현금거래 시 가격을 할인해 주겠다고 합의 후 현금영수증을 미발행하는 때에도 발급의무를 위반한 것으로 처리됩니다.

세알못 SNS 마켓으로 수익이 났는데, 세금은 어떻게 해야 하나요?

택스코디 SNS 마켓 사업자는 자신의 인스타그램 계정에서 상품을 직접 판매하거나, 스마트스토어를 통해 판매합니다. 초기 사업자는 공동구매와 같이 업체에서 받는 판매수수료 매출이 대부분입니다. 이처럼 상품을 판매하거나 판매수수료를 받았다면 부가가치세 신고를 해야 합니다.

부가가치세는 1년에 2번의 과세기간이 있습니다. 그리고 3개월마다 예정신고, 납부기한이 있습니다. 개인사업자는 부가가치세 1기 (1월~6월)에 대한 확정신고를 7월 25일까지 하고, 2기 (7월~12월)에 대한 확정신고를 1월 25일까지 해야 합니다. 그리고 4월 25일, 10월 25일까지 예정고지 (직전 납부금액의 1/2을 고지)에 따른 납부를 해야 합니다.

또 인스타그램 같은 SNS 마켓을 통해 수익을 냈다면 소득세 신고를 해야 합니다. 금액의 정도를 떠나서 모두 소득세 신고 대상입니다. 종합소득세는 1년 동안 발생한 개인의 각종 소득을 모두 합산해서 신고하는 세금입니다.

부업으로 SNS 마켓에 물건을 팔고 있는 직장인은 특히 주의할 점이 있습니다. 근로소득 연말정산을 했더라도 5월 종합소득세 신고 시 근로소득과 SNS 마켓 판매에 따른 사업소득을 합산해 신고해야 합니다.

정리하면 SNS 마켓 사업자가 내야 할 세금은 크게 부가가치세와 종합소득세 두 가지입니다. 그리고 두 세금 모두 자진신고를 해야 하는 세금입니다. 따라서 세금신고 기간 정도는 꼭 알아야 합니다. 다음 페이지 표를 참고합시다.

모든 지출에 대한 증빙자료는 필수로 남겨둬야 합니다. 사업장과 관련해 매입한 물건, 재료, 식자재 등의 지출은 공제받을 수 있으니 모두 증빙할 수 있도록 가지고 있어야 합니다.

| 세금별 신고 기간

세금 종류	사업자 구분	신고 기간	내용
부가가치세	일반과세자	• 1기 확정: 7월 1일~25일 • 2기 확정: 다음 해 1월 1일~25일	• 1기 확정: 1월 1일~6월 30일 사업실적 • 2기 확정: 7월 1일~12월 31일 사업실적
	간이과세자	• 1기 확정: 다음 해 1월 1일~25일	1월 1일~12월 31일 사업실적
종합소득세	개인사업자 (일반, 간이)	• 확정신고: 5월 1일~31일	1월 1일~12월 31일 사업실적

국세청에 개인 신용카드를 사업용 신용카드로 등록하면 자동으로 경비처리가 됩니다. 그러나 사업용 카드를 개인적인 용도로 쓰면 안 됩니다. 탈루로 의심돼 세무서의 조사 대상이 될 수 있고 사업 용도로 썼다는 것을 증빙하지 못하면 가산세가 추가됩니다.

사업과 관련된 사무실, 창고, 매장 등을 임차한 경우 임차료가 경비로 인정됩니다. 임차료 지급 시 세금계산서를 받아두면 됩니다.

또 직원들의 식사비, 회식비는 경비처리가 가능합니다. (그러나 사업자 본인의 식사비는 복리후생비에 해당하지 않아 경비처리가 불가능합니다.)

그리고 축의금 부조금 등의 경조사비도 건당 20만 원까지 경비처리가 가능합니다. 경조사비는 현금으로 지출되기 때문에 적격증빙(세금계산서, 계산서, 신용 체크카드 영수증, 현금영수증 등)이 어려우니 결혼식, 청첩장, 부고장 등의 자료를 보관해 제출하면 됩니다.

금융소득종합과세에 주의하자!

저축상품을 판매하는 금융회사마다 금리 경쟁력이 높다는 걸 강조하고, 상황이 이렇다 보니 금리는 '거기서 거기'가 됐습니다. 이럴 때 비과세 상품에 주목해야 합니다. 비과세 상품이란 단어 그대로 세금이 면제되는 만큼 더 많은 최종 이자수익을 기대할 수 있기 때문입니다.

통상 예금과 적금 상품의 이자는 일반과세 14%, 지방소득세 1.4%를 더해 총 15.4%가 부과됩니다. 예를 들어 1억 원을 1년 만기, 2% 금리 예금상품에 넣어뒀다고 가정합시다. 단순 계산으로 만기가 종료되면 원금 1억 원에 이자 200만 원을 더해 총 1억 200만 원을 기대할 것입니다. 그런데 실제로는 이자에 대한 세금 15.4%가 부과되니 최종적으로 기대할 수 있는 금액은 원금 1억 원에 이자 169만 2,000원입니다. 세금 부과 여부에 따라 이자만 30만 원 이상 차이가 납니다.

만약 이때 세금이 부과되지 않는다면 저축 효과를 극대화할 수 있습니다. 그런데 세금을 피하는 것이 가능할까요? 답은 '네' 입니다. 바로 비과세 저축상품이 있기 때문입니다.

대표적으로 지역 새마을금고, 농협, 신협 등 상호금융조합에서 판매하는 세금 우대 저축상품은 비과세 특징이 있습니다. 상호금융은 대형 시중 은행들과의 경쟁에서 살아남고 지역 경제를 활성화하는 차원에서 과세대상에서 제외하기 때문입니다. 하지만 알아 둬야 할 점도 있습니다. 세금이 100% 면제되는 것은 아닙니다. 일반과세 14%는 부과되지 않지만, 농어촌특별세 1.4%가 부과됩니다. 그래도 이자에서 발생하는 세금 14%를 줄일 수 있다는 것은 대단히 큰 장점입니다.

그리고 1인당 한도가 정해져 있습니다. 3,000만 원 한도 내에서 발생하는 이자에 대해서만 일반과세 14%가 면제됩니다. 이는 '개별' 금고 기준이 아닌 '개인' 기준이기 때문에 여러 곳에 계좌를 개설하더라도 세금 우대 혜택은 3,000만 원으로 제한된다는 뜻입니다. 세금 우대 저축상품 가입을 위해서는 해당 지역 상호금융에 출자해야 하는 조건이 있는 때도 있으니 잘 따져야 합니다.

은행 등 제1금융권에서 판매하는 비과세 저축상품도 있습니다. 바로 앞에서 말한 개인종합자산관리계좌(ISA) 입니다. 간단히 말하자면, 매년 2,000만 원까지 납입이 가능하고 여기에서 발생한 수익 중 200만 원(서민 또는 농어민 400만 원)에 대해서는 세금이 부과되지 않습니다.

그리고 목돈을 마련하고 싶은 35세 이하의 '청년' 이라면 청년도

약계좌도 눈여겨봅시다. 청년도약계좌는 2030 세대의 목돈 마련을 지원하기 위해 정부에서 내놓은 정책상품입니다. 매달 70만 원까지 자유롭게 저축할 수 있습니다. 이자 외에 정부 기여금이 나오는 것은 '덤' 입니다. 단 만기가 5년으로 길어 비과세 혜택을 받기 위해서는 5년간 해당 계좌를 유지해야 합니다. 만기까지 유지하지 않으면 과세 대상에서 제외될 수 있습니다. 그동안 받았던 정부 기여금도 반환될 수 있습니다. (최근 정부에서 비과세 혜택 만기 기간을 5년에서 3년으로 줄이는 방안도 추진하고 있으니 조건이 어떻게 바뀌는지 체크해 둬야 할 사항입니다.)

소득세법에서 이자소득 배당소득 사업소득 근로소득 연금소득 기타소득은 종합과세하는 소득입니다. 1년 동안 번 소득을 모두 더한다고 해서 '종합과세'라고 합니다. 한편 퇴직소득과 양도소득은 한 번에 많은 소득이 들어오기 때문에 세금 부담이 커질 수 있어 종합과세하지 않습니다.

6가지 종합소득 중 어떤 경우에는 원천징수로 분리과세할 때도 있습니다. 대표적으로 금융소득(이자 배당소득)은 2천만 원 이하까지 15.4%(지방소득세 포함)로 원천징수 후 과세가 종료됩니다. 뒤집어 얘기하면 2천만 원을 초과하면 종합소득세 신고를 해야 한다는 말입니다. 다음 표를 참고합시다.

| 종합소득 과세 방법

구분	종합과세	분리과세
과세 방법	전부 합산해 누진세율 적용	합산하지 않고 특정 세율로 원천징수

세알못 **직장인이더라도 근로소득 외 금융소득이 있다면, 소득세 신고를 해야 하나요?**

택스코디 앞서 말한 것처럼 분리과세하는 금융소득(이자 배당소득)만 있다면 신고하지 않아도 됩니다. 예를 들어 근로소득 외 금융소득이 2,000만 원 이하가 있다면 연말정산만으로 소득세 신고는 끝납니다. 그러나 금융소득이 2,000만 원을 초과하면 종합소득세 신고를 해야 합니다.

'금융소득종합과세'란 개인별로 금융소득이 연간 2천만 원을 초과하면 사업소득, 근로소득 등 다른 소득과 합산해 종합소득으로 과세한다는 말입니다. 우리나라 소득세는 누진세율을 적용하므로 종합과세 되면 세금 부담은 커지는 구조입니다. 따라서 가능한 금융소득을 2천만 원 이하로 맞춰 분리과세하는 게 유리합니다.

세알못 **금융소득종합과세를 피하는 방법은 없나요?**

택스코디 다음 세 가지가 있습니다.

1. 금융소득 실현 시기를 분산

금융소득은 연간 합산으로 계산하므로, 당해 예상 금융소득을 미리 계산해 2,000만 원을 초과할 것 같으면, 금융소득 실현을 다음 해로 넘겨야 합니다.

2. 사전증여를 활용해 소득 주체를 변경

금융상품을 자녀에게 증여하면 증여 시점에는 증여재산공제(성년 자녀 5,000만 원, 미성년자 2,000만 원)를 초과하는 범위 내 증여세가 발생하나, 증여 후 소득 주체가 자녀로 변경되며, 증여 후 10년이 지나면 증여 합산금액에서 제외되어 증여세 또는 상속세를 절감할 수 있습니다. 참고로 자녀는 향후 다른 재산을 취득할 때 취득자금에 대한 자금출처를 확보할 수 있는 이점도 있습니다.

3. 비과세와 분리과세 상품의 활용

금융상품 중에는 비과세나 분리과세가 되는 상품이 있습니다. 이러한 상품을 활용하면 금융소득 종합과세대상에서 제외됩니다. 금융소득 종합과세를 대비하기 위해서는 개인종합자산관리계좌(ISA), 개인형 퇴직연금(IRP), 저축보험(비과세), 펀드/상장지수펀드(ETF), 외화예금 등 5가지 상품을 꼭 챙기는 것을 추천합니다.

주택임대사업을 겸하는 직장인, 분리과세를 활용하자

근로소득 하나만 있는 근로자는 연말정산만으로 소득세 신고 의무가 끝납니다. 하지만, 주택임대 소득이 추가로 있는 직장인은 다음해 5월 1일~ 5월 31일의 기간 동안 주소지 관할 세무서에 종합소득세 신고 및 납부를 해야 합니다.

이때 종합과세로 신고하는 것이 원칙이지만, 주택임대소득 총수입금액이 2천만 원 이하이면 14% 단일세율인 분리과세와 6~45%의 세율이 적용되는 종합과세 방식 중 하나를 자신에게 유리한 쪽으로 선택할 수 있습니다.

세알못 **직장을 다니며 열심히 일해 드디어 집을 한 채 장만했습니다. 그런데 부수입을 얻기 위해 월 100만 원을 받고 월세를 주고, 당분간 저는 50만 원짜리 월세를 얻어 살기로 했습니다. 소득세가 많이 나올까요?**

택스코디 결론부터 말하자면 주택을 임대하고 받은 월세 100만 원에 대한 소득세를 내지 않아도 됩니다. 바로 1주택자이기 때문입니다.

그런데 시간이 흘러 돈을 좀 더 모아 집을 한 채 더 매입하게 되고, 그 집을 3억 5천만 원에 전세를 줬다면, 그때 역시 소득세를 내지 않아도 될까요? 전세는 2주택까지는 비과세이기 때문에 전세에 대한 소득세는 내지 않아도 되지만, 앞서 임대하고 있는 월세 100만 원에 대한 소득세는 내야 합니다. 그때까지 여전히 월세에 살고 있더라도 2주택자에 해당하기 때문입니다. 단, 받는 월세가 월 100만 원으로 1년간 총 1,200만 원이므로, 분리과세나 종합과세를 선택해 신고해야 합니다.

또, 다시 시간이 흘러 집을 하나 더 사게 되었고, 이번에는 자신이 거주하게 되었다고 가정해봅시다. 이때 소득세는 어떻게 될까요? 이때부터는 3주택자에 해당하므로 월세와 전세보증금에 대한 소득세도 내야 합니다. (이때 주택 수 계산은 부부가 보유한 주택을 합산합니다.)

참고로 상가와 달리 주택은 보증금 전체에 대해 소득세를 부과하지 않고 3억 원을 넘는 금액 중 60%에 대해서만 부과합니다.

정리해보면 모든 임대소득에 대해 세금이 부과되지 않습니다. 먼저 임대소득에 대한 소득세 과세 방식에 대해 이해가 필요합니다. 다음 표와 같이 정리할 수 있습니다.

| 주택 수에 따른 주택임대사업자 과세대상

주택 수 (부부합산)	과세대상 O	과세대상 X
1주택 보유	• 기준시가 12억 원 초과 주택의 월세 수입 • 국외주택의 월세 수입	• 국내 기준시가 12억 원 이하 주택의 월세 수입 • 모든 보증금·전세금
2주택 보유	• 모든 월세 수입	• 모든 보증금·전세금
3주택 이상 보유	• 모든 월세 수입 • 비소형 주택 3채 이상 소유 & 해당 보증금·전세금 합계 3억 원 초과	• 소형주택의 보증금·전세금 • 비소형 주택 3채 미만을 보유한 경우 보증금전세금 • 비소형 주택의 보증금·전세금 합계 3억 원 이하

※ 소형주택(주거전용면적 40㎡ 이하이면서 기준시가 2억 원 이하)은 보증금 등에 대해 과세 제외 (보증금 등에 대해서만 과세 제외하고 월세 수입은 과세대상임)

세알못 분리과세란 무엇인가요?

택스코디 분리과세는 다른 소득에 합산하지 않고 해당 소득에 대해서 독자적인 과세 체제로 과세하는 방식을 말합니다.

부동산 임대소득은 개인별로 연간 주택임대소득이 2천만 원 이하일 때 적용됩니다. 이때 다음 계산식에 따라 14% 세율을 적용하여 분리과세합니다. (본인 선택에 따라 종합과세로 신고할 수도 있습니다.)

(주택임대 수입금액 필요경비 - 공제금액) × 14%

위 계산식에서 필요경비는 임대수입 중 60%(등록사업자) 또는 50%(미등록사업자) 상당액을 말하며, 공제금액(분리과세 주택임대소득을 제외한 종합소득금액 2천만 원 이하일 때 공제)은 등록사업자는 400만 원, 미등록사업자는 200만 원을 차감합니다.

일반적으로 주택임대소득이 있을 때, 분리과세가 유리합니다. 분리과세의 경우 사업자등록과 지자체에 임대주택으로 등록한 경우라면 필요경비 60%와 소득공제 400만 원이 적용되어서 이 경우 결과적으로 총 수입금액이 1,000만 원 이하이면 다음과 같이 과세표준이 0원이 되어 낼 세금은 없습니다.

1,000만 원(수입금액) - 600만 원(필요경비 = 1,000만 원 × 60%) - 400만 원(공제금액) = 0원

지자체 등록임대주택이 아니라면 필요경비 50%와 소득공제 200만 원이 적용되어 결과적으로 총 임대수입이 400만 원 이하면 다음처럼 과세표준이 0원이 되어 낼 세금이 없습니다.

400만 원(수입금액) - 200만 원(필요경비 = 400만 원 × 50%) - 200만 원(공제금액) = 0원

정리하면 2,000만 원 이하의 주택임대 수입이 있는 사람들은 소득세 분리과세를 선택할 수 있습니다. 그럼 2,000만 원 이하로 수입금액을 맞추는 게 중요합니다. 만약 부부라고 하면 나 혼자 4,000만 원의 주택임대 수입을 갖는 것보다 배우자와 내가 반씩 나눠 수입금액 2,000만 원을 맞추면 둘 다 분리과세로 신고할 수 있습니다. 이렇게 적절히 명의를 분산하면 세금을 줄일 수 있습니다.

퇴직을 앞둔 직장인이라면 고려해야 할 사항은?

세알못 **퇴직을 앞두고 있습니다. 퇴직금을 어떻게 하면 효과적으로 운용할 것인지에 대한 고민이 많습니다. 주변에서는 퇴직금을 일시에 수령해 수익형 부동산이나 주식투자를 통해 은퇴 자금을 준비하는 것이 좋다고 하는데, 도무지 갈피를 잡지 못하고 있습니다.**

택스코디 퇴직금을 갖고 무리한 사업을 벌인다든지 또는 여태 하지 않았던 부동산이나 주식투자를 무리해서 하기보다는 개인형 퇴직연금(IRP) 등에 납입해 퇴직소득세를 줄이는 것이 나은 방법이 될 수 있습니다. 퇴직 전 회사에서 받은 상여금 또는 일부 여유자금 등을 활용해 IRP 계좌에 꾸준히 적립하는 것을 추천합니다.

퇴직연금 가입자가 퇴직 시 받는 퇴직금은 자동으로 개인형 IRP 계좌로 옮겨집니다. IRP 계좌를 활용하지 않고 퇴직금을 인출한다면 퇴직소득세를 바로 내야 합니다. 반면 IRP 계좌를 유지하고 운용한다면 당장 내야 하는 퇴직소득세를 일정 기간 이후로 과세이연할 수 있습니다. 기존 퇴직금과 납부해야 하는 세금을 하나의 계좌에서 운용하며 은퇴자산을 좀 더 불릴 수 있고, 추후 일시금과 연금 중에서 수령 방법을 선택할 수 있습니다.

만약 일시금으로 수령하면 그 시점에서 과세이연한 퇴직소득세를 내야 합니다. 그리고 발생한 운용 수익에 대해서는 기타소득세(16.5%, 지방소득세 포함)를 내야 합니다. 하지만, 연금으로 수령하게 되면 일시금으로 받을 때보다 퇴직소득세가 30% 줄어듭니다. 다시 말해 연금 수령만으로도 30%의 수익률을 올리는 효과가 있는 셈입니다.

그리고 IRP 계좌에서 받는 연금은 운용 수익에 대해 저율 과세(3.3~5.5%)가 적용되기 때문에 연금으로 수령할 경우가 가장 유리하다고 할 수 있습니다.

일단 은퇴 시점에서 연금 수령 시 공적연금(국민연금 사학연금 공무원연금 군인연금 등)은 제외하고, 개인형 IRP로 들어온 퇴직금도 퇴직소득세로 과세(분류과세)했기 때문에 합산되지 않습니다. 반면 개인 연금계좌 중에 미리 세액공제 받은 부분, 운용 수익 그리고 퇴직연금 DC형과 개인형 IRP의 본인 부담금 중 세액공제, 운용 수익 금액은 연금 수령 시 합산됩니다.

이 금액이 연간 1,500만 원을 초과할 경우 다른 소득과 합산돼 종합과세하고 그 이하면 분리과세로 종료됩니다. 따라서 월 연금 수령액이 125만 원 이하가 되도록 기간을 조정하는 것이 중요합니다.

세알못 **은퇴 후 직장인 아들의 건강보험 피부양자로 들어갈 계획인데, 무엇을 주의해야 하나요?**

택스코디 은퇴 이후 직장에 다니는 자녀 등의 건강보험에 피부양자로 등록해 건강보험료를 내지 않고 생활하는 사람들이 많습니다. 이때에도 다음과 같이 법에서 정하는 몇 가지 기준을 충족하지 못하면 피부양자 자격이 박탈되고 즉시 지역가입자로 전환될 수 있습니다.

1. 연간 사업·근로·금융(이자·배당)·연금소득이 2,000만 원을 초과하는 경우
2. 보유 주택 재산세 과세표준이 5억4,000만 원을 초과하면서 연소득 1,000만 원 이상인 경우
3. 소득은 전혀 없지만, 보유 주택 재산세 과세표준이 9억 원을 초과하는 경우

퇴직 후 내는 건강보험료는 한 푼이 아쉬운 은퇴 생활에 복병이 될 수 있습니다. 위와 같은 이유로 피부양자 자격요건을 충족하지 못하면, 퇴직 후 '직장가입자'에서 '지역가입자'로 전환되어 건강보험료 부담이 커질 수 있습니다. 직장가입자는 소득에만 보험료율에 따라

건강보험료를 매기며, 회사가 건강보험료의 절반을 부담하기에 많은 사람이 은퇴 후 지역가입자로 전환됐을 때 경제적 부담을 더 크게 느끼곤 합니다.

따라서 금융소득이 많은 은퇴자라면 재취업 등을 통해 직장가입자가 돼 본인의 건강보험료를 낮추는 것도 방법입니다.

참고로 퇴직 후 건강보험료 부담이 급격하게 커졌다면 보험료 부담을 덜어주기 위한 제도인 임의계속 가입제도를 활용하면 좋습니다. '임의계속 가입제도'란 직장에 1년 넘게 다닌 퇴직자의 건보료를 직장가입자 때 내던 본인부담금 수준으로 36개월간 감액해주는 제도입니다. 퇴직 후 2개월 이내에 신청해야 합니다. 퇴직 후 지역가입자 전환에 따라 보험료 부담이 급격히 늘어나는 것을 방지하기 위해 도입됐습니다. 다만 대개 퇴직 시점에는 연봉이 높아 건보료도 많이 내고 있기에 지역가입자로 전환 시 내야 할 금액과 비교해 어떤 것이 더 유리한지 따져본 후 신청해야 합니다.

에필로그

바뀌는 세금 관련 제도에 주목하자

매년 7월에 발표하는 세법개정안은 국회 심사를 거친 후 연말에 확정됩니다. 시행 시기는 대부분 다음 해 1월부터 적용되는 경우가 많지만, 2~3년 후에 바뀔 세법을 제시해놓기도 합니다. 연말에 국회에서 확정된 세법은 정부가 12월 말에 공포 및 시행한 후 다음 해부터 달라지는 세금 제도들을 정리해서 다시 보도자료가 배포됩니다.

세알못 **국회 심사 과정에서 뒤바뀔 수도 있는 미확정 상태의 세법개정안을 왜 알아야 하나요?**

택스코디 그 속에 절세방법이 담겨 있어서입니다. 나에게 적용할 수 있는 세법개정안을 미리 알아두고 대비하면 나중에 세금을 줄일 수 있기 때문입니다.

2024년 세법개정안에서 주목해서 볼 내용은 가상자산에 투자자는 소득에 대한 과세 시기입니다. 2025년 1월에서 2027년 1

월로 2년간 유예되기 때문에 세금에 대한 부담감을 덜 수 있습니다.

그리고 자녀를 출산하고 주택을 구입하면 취득세를 감면받을 수 있습니다. 2024년부터 25년까지 무주택자가 자녀를 출산하고 출산 전 1년, 출산 후 5년 이내에 실거주 목적으로 주택을 구입하는 경우엔 500만 원 한도로 취득세가 전액 감면됩니다.

혼인과 출산에 따른 증여재산 공제도 신설됐습니다. 2024년부터 혼인신고일 전후 2년 이내 또는 자녀 출생일, 입양일부터 각 2년 이내에 직계존속으로부터 증여받은 재산에 대해서는 1억 원까지 기본공제와는 별도로 공제를 해줍니다. 미혼 출산 가구도 적용됩니다. 단, 혼인 증여재산공제와 출산 증여재산공제의 통합 공제 한도가 1억 원으로 혼인·출산 공제를 중복으로 받을 수는 없습니다.

본문에서도 말했지만, 2024년부터 자녀가 두 명 이상이라면 받을 수 있는 세액공제액이 늘어났습니다. 8세 이상 자녀에 대해 기존엔 둘째까지 인당 15만 원을 공제했고, 셋째부턴 30만 원을 추가로 공제했는데, 2024년부터는 둘째에게 주는 추가 공제액이 15만 원에서 20만 원으로 늘어났습니다. 이보다 더 눈여겨볼 것은 그동안 공제대상이 아니었던 손자녀가 포함됐다는 사실입니다. (참고로 2026년 연말정산부터는 자녀세액공제액이 상향됩니다. 첫째 15만 원 → 25만 원, 둘째 20만 원 → 30만 원, 셋째 이후 30만 원 → 40만 원)

2024년에는 한시적으로 신용카드 등 사용금액이 전년 대비 105%

를 초과한다면 증가분에 대해 100만 원 한도로 10%만큼 추가로 소득공제를 받을 수 있습니다.

또 정부는 2024년 하반기 전통시장에서 쓴 금액에 대한 소득공제율을 한시적으로 80%로 올리는 법 개정을 추진 중입니다.

또 수영장이나 헬스장에 다닐 분들은 연간회원권을 2025년 7월 이후에 결제해야 신용카드 소득공제 혜택을 추가로 받을 수 있습니다.

그리고 무주택 또는 1주택 근로자가 주택을 취득하면서 주택담보대출을 받을 때 이용할 수 있는 소득공제도 확대됐습니다. 장기주택저당차입금 이자 상환액 소득공제 한도가 1,800만 원에서 2,000만 원까지 증가했고, 특히 대상 주택도 기준시가 5억 원에서 6억 원으로 확대됐습니다. 예를 들어 만일 24%의 세율을 적용받는 근로자라면 최대 한도 2천만 원 적용 시 480만 원의 소득세가 줄어드는 효과라고 할 수 있습니다.

자녀장려금 대상과 지급액도 올랐습니다. 종전에는 총소득 4,000만 원 미만 가구 자녀 1인당 최대 80만 원까지 지급했으나, 총소득 7,000만 원으로 확대되고 1인당 지급 금액이 100만 원까지 확대됐습니다.

매년 세법개정안에서 나에게 꼭 필요한 절세 항목들을 미리 체크하고, 연말에 국회에서 제대로 통과되는지 확인한 후, 내년부터 달라지는 세금 제도를 보고 시행 시기를 맞춰보면 절세의 지름길이 더 뚜렷이 보일 것입니다.